真挚的幼儿教育

堀合文子幼儿教育真谛

[日] 内田伸子 著

朱中一 译者 刘 佳 校译 贾濛濛 项目总监

中国大百科全书出版社

目录

前言

御茶水女子大学附属幼儿园自创立以来，一直是日本幼儿教育的典范。最初这座幼儿园的目标是“实践福禄贝尔[1]的幼儿教育”，但在被誉为“日本幼儿教育之父”、家政学部儿童学专业的仓桥惣三[2]教授指导下，这座幼儿园逐渐转型，开始实行更符合日本文化和社会背景的、重视自由玩耍的“以孩子为中心的保育”。福禄贝尔的教具“恩物”[3]，也就此演变为

---

1 弗里德里希·威廉·奥古斯特·福禄贝尔（德语：Friedrich Wilhelm August Fröbel，1782—1852），德国教育家，19世纪欧洲最重要的教育家之一，现代学前教育的鼻祖。他创办了第一所称为“幼儿园”的学前教育机构，其教育思想至今仍在主导着学前教育理论的基本方向。

2 仓桥惣三（1882—1955），日本大正、昭和时期的幼儿教育家，本科毕业于东京帝国大学哲学系，并在同校就读研究生对儿童心理学进行研究。1910年开始任职于东京女子高等师范学校（现御茶水女子大学），担任讲师，后担任教授。任教期间还担任该大学附属幼儿园主任并进行保育实践。在“二战”后，制定了日本的保育要领，创设了日本保育学会并任首任会长。著述颇丰，以《幼儿园杂草》《育儿之心》《儿童赞歌》等为代表。

3 恩物（德语：Fröbelgaben；英语：Froebel Gifts）是指福禄贝尔为儿童设计的一套教具。福禄贝尔认为，每种恩物都是上帝设计并恩赐给儿童进行自主活动的材料。

众多积木玩具中的一种，成为给孩子们的玩耍锦上添花的重要配角。

将仓桥惣三老师的保育原理予以具体落实和实践的，正是堀合文子老师。

堀合文子（Horiai Fumiko），1921 年出生于东京，1938 年毕业于青山学院女子学部。后入御茶水女子大学前身的东京女子高等师范学校学习，师从仓桥惣三老师，专业为幼儿教育和音乐韵律。1940 年入职御茶水女子大学附属幼儿园，于 1986 年退职。退职后任十文字幼儿园主事。2011 年去世，享年 90 岁。

堀合文子老师在职时的每个工作日，都会有保育工作者从日本全国各地赶来，观摩她的保育工作。当堀合文子老师上任成为附属幼儿园的副园长，且距离她退休仅剩下三年时间的时候，时任园长的外山滋古比教授找到我，希望由我把堀合文子老师的保育实践记录下来。

从那以后，直到堀合文子老师带的最后一届大班举行毕业典礼的前一天，每周二我都会去观摩她的保育工作。从 1982 年 4 月到 1986 年 3 月，我同对保育工作有兴趣的研究生们一道，将堀合文子老师的保育工作记录了下来，希望能参透堀合保育的精髓。每次观摩完堀合文子老师的保育工作后，我都会组织开展“保育研讨会”，借此我也赢得了学习“仓桥理论”和“堀合保育实践”的宝贵机会。

总之，这本书的写作目的，就在于记录、整理这三年间堀合文子老师的语录和实践，分享给从事保育工作的各位同仁。

在本书的第一部分，我整理了堀合文子老师每次在“新现代幼儿教育研究会”的课堂上发表的言论。收录者是日本神奈川县市尾幼儿园的芜木寿江老师，我将她收录的堀合文子老师的语录做了分类。这些语录都是震撼人心的名言和金句，希望能激励众多的保育工作者。

在本书的第二部分中，我整理归纳了堀合文子老师的保育论——和孩子共同创造的保育。

本书的第三部分是堀合文子老师的访谈录。这部分内容为面临着动荡和挑战的 21 世纪的教育界指明了方向。

期待各位读者能经常翻阅此书，也希望此书能够成为大家进行日常保育实践的依据。

内田伸子

第一部分

堀合文子的保育语录

保育者要具备“灵活的肢体”，这是孩子对于保育者的要求。多角度地培训保育者固然重要，但首先要做的是让保育者“动起来”，从而激发保育者的内在的表现力、感受力和创造力等。一个保育者如果具备了这些能力，就能在孩子身体和大脑成长发育的过程中，对其进行周全的、无微不至的教育。这就是新现代幼儿教育研究会的主旨。

这一章将向大家介绍堀合文子老师每次在新现代幼儿教育研究会举办的音乐韵律研修会上的发言。这些发言充满着启示与含蓄的意蕴，例如“用真心才能够培养出真心”。这些话语让参会者深深反省，也赋予了他们继续前行的勇气。

第 一 章

“无”的境界

为了理解孩子，首先要做到放空，让自己进入“无”的境界，把自己变成一张白纸，再去观察眼前孩子的成长。

在保育工作中，要像仓桥惣三老师所指出的，要适度对孩子进行“教导”，把“教导”控制在最小限度，放到重要性排序的最后。为此，保育者必须要摒弃自己的“以为”，让自己进入“无”的境界。

1. 不拘束与放纵

孩子的自由是有限度的。

给孩子过度自由，超过界限，就变成了放纵。

而若在到达界限之前就早早叫住孩子，就变成了拘束。

在到达这条界线之前的——无拘无束的世界，是最重要的。

2. 前后左右

（在音乐韵律研修会的练习课上大家站队列的时候）和前后左右的人保持适当的间隔距离。——具有这种敏锐神经的，才不愧为保育者。这样的保育者才能洞察每一个孩子的心灵。

3. 保育者的眼睛

即使目视前方，也能看到两侧孩子的举动，洞察到身后孩子心理的变化。是的，具有这种敏锐神经的，就是保育者。

有 2 个孩子在荡秋千，有 4 个孩子在滑滑梯，有 6 个孩子在屋子里玩积木，有 5 个孩子在做手工，有 2 个孩子在读书，有 4 个孩子在兔子小屋……如果不能像这样准确地掌握自己班里孩子的动向，保育者一定会感到不安吧。保育者在沙坑和孩子一起玩沙子的时候，即便右手拿着铲子，如果左手一直扶在膝盖上不动，那说明保育者还是没有用心。

今天的我，是为了什么而进入保育园的这扇门的？我不是公园里的姐姐。我是谁？我是来做什么的？[1]（芜木）

4. 你的身后

调动全部身心，让大脑及全身神经共同配合去行动的话，肢体动作一定会有所不同。肢体动作发生改变，保育也会随之改变。

请一定不要忘记——你的身后，有许许多多的孩子。

5. 没有“自己”

（在音乐韵律研修会的练习课上）如果你对一个人说“走，去你想去的地方吧”，那么这个人一定会不动脑筋

1　这句话是芜木寿江作为女性保育者，对于自身职责的反思和独白。“这扇门”指保育园的门，“公园里的姐姐”指公园里带着孩子们玩耍的年长女孩。

地选择跟在别人的身后。

我们明明拥有穷尽一生都用不完的大脑，竟然不去思考，任人摆布、脑袋空空地行动，或是脑子里清楚该怎样做，但就是不付诸行动。

这是日本人的坏毛病吗？还是因为这样做最轻松？抑或是人际关系过于贫瘠？……

6. 无心

已经整理好并记住了的表演动作，可就是无论如何也无法忠实地还原出那种感觉来。这就是最近的保育者所欠缺的——没有进入“无”的状态。

第 二 章

理解不断变化的孩子们

孩子不断变化，犹如映射时代发展的镜子。那种十年如一日地对所有孩子采用相同的教育方式——将教育模式化的做法非常糟糕。我们要用“像 X 光一样的眼睛”洞察孩子的心灵，读懂孩子想要什么、想做什么，观察孩子、倾听孩子，这才是保育工作的出发点。保育者需要有一颗能够去配合孩子的心，这样才能站在孩子的角度与孩子互动。

1. 独自前行

如果人们都朝着各自的方向前行，就能很好地甄别每个人。相反，如果人们一起列队前行，就很难甄别每个人。这个道理同样适用于保育。

2. 用心配合对方

两个人配合表演的时候，能相互体会到对方的感受。一定要体会对方的感受，无论对方是体重重的人、体重轻的人，还是体格魁梧的人、体格娇小的人。在与各种各样的人交往的过程中，不能我行我素，而是要用心对待对方，考量如何配合对方。

3. 当下或将来

对这个孩子，现在有些话必须要说出来；而对那个孩子，现在先不说，再等等看。对待每个孩子的方式都不同。重视和每一个孩子的交流互动，自然而然就能领悟对待每个孩子的正确时机。

有人说，我一直都向往“吟诗诵词般的保育”，努力想成为“能吟诗诵词般与孩子交流的保育者”，但却总是忍不住张口教育孩子。这说明对每一个孩子的理解还不充分，对孩子的关爱还不足够。我在反思，是因为自己的焦躁，还是因为觉得只有从嘴里说出来的话才叫指导？我要去思考等待时机的重要和不易。（芜木）

4. 温情

即使做得不够完美也没关系，重要的是要让感情和气氛满溢。

同孩子一起玩的时候，如果下起雨，就要立即把自己对雨的感受通过行为表达出来。如果表达不了自己，孩子就无法感同身受。“这条金鱼在做什么呢？”……将感情代入进去，孩子才能感受到温情。

5. 了解自己

（在表演过程中）那位演员举起手的时候，会不会感觉到自己和其他演员存在什么不同呢？（那位演员正在努力表演）能感觉到这种不同的人，是能做到确认自己、反思自己的人。

6. 在此之后

大家已经比第一天有进步了，身体也越来越灵活了。无论是谁，经过实操训练之后一定都能记住动作的顺序和模式等。重要的是在此之后，在做每件事情的时候都要投入其中，全情投入地让自己也“成为孩子”。

7. 和气

保持谦逊的态度——这是在生活中的各个方面都很重要的一种态度。只想着独善其身的、自私的人，缺乏主动性，只会按别人的命令照做。如果不能主动地去感知周边，那是孕育不出“和气”的。你是否也曾在某个地方，让人感受过世界黑暗的一面呢？

8. 所谓“机敏”

年轻人对于时代的变化很敏锐，而身体却不够敏捷和敏感。只有用心思考、开动大脑，才能做好保育，否则只会犯更多的错误。

第三章

孩子就是一张吸水纸

如果保育者自身不率先做出改变，就无法改变孩子。保育者如果能修炼内在，并将其体现在行动中，孩子仅通过观察感受甚至就能体会保育者自我提升后的内在变化。

走路的姿势、说话的表情等，这些都是看得见的，而保育者的思考钻研、被触动后的感动等都是看不见的。孩子在与保育者互动的过程中通过观察感受，不仅能吸收看得见的事物，也能吸收那些看不见的事物。所以保育者一定要去修炼内在，丰富自己的想象力。

1. 活在当下

孩子活在当下的每一个瞬间。保育者必须要时刻发挥自己的作用，从方方面面回应孩子生活上的需求。

2. 忍耐

现在的孩子不懂得“忍耐”。不管做什么都耐不住性子，动辄就会说“啊，我累了”。

所以，请你先成为“会忍耐的人”，因为孩子正在注视着你。孩子会观察你、模仿你。

3. 创造力

孩子的立场即是我的立场，我不会越界进入孩子无法接受的世界。创造力不是通过说教就能培养出来的。

如果老师的行为表达富有创造力，孩子也会随之学习。每个人的行为表达都是追随着心灵与身体的。

4. 倾听

不会倾听别人说话的人越来越多了。虽然面朝对方，但却在考虑别的事情。目光呆滞，无法集中注意力。

如果你不先改变自己，那么你也无法改变孩子。如果连孩子的话都不能认真倾听，你还算得上是保育者吗？

5. 改变

一年过去了，孩子在不知不觉间发生了巨大的变化，这也是每日沉淀和积累的显现。所以，如果自己不去改变，就无法改变孩子。

日常生活中的行为表达通过肢体和表情慢慢流露，在无形之中就改变了孩子。

6. 不变

“哎呀，不能这样！”

“哟！你好棒！”

仅仅是这样动动嘴皮子，是没有办法走进孩子的内心的。

孩子每年都会发生变化，在此变化中不变如初的，是你的心。只有用心，才能和孩子顺畅交谈；只有用心，才能吸引孩子。

无论是在褒奖孩子还是在责备孩子的时候，都请你真正用心去做。

7. 孩子的感受能力

现在的孩子感受能力是非常强的，而且每年都在变化。随着孩子不断成长变化，仅靠老师的亲切或温柔，越来越无法抓住孩子的心了，反而会让孩子与老师间产生更大的距离感。

老师只有能够感受和体会孩子的内心，才能培养好现在的孩子，这一点是最重要的。即使不去和孩子说很多话，孩子也会追随身后，整个班级也会随之改变。

第四章

修炼内在

保育者修炼自己的内在很重要。

保育者的内在体现在行动中，并最终映射到孩子手的动作、眼神的流转，还有心理活动上。

1. 氛围

孩子沉默的时候，不知为何总会抱腿蜷缩成一团地坐着。这是因为孩子有蜷缩成一团的习惯吗？还是因为孩子缺乏创造力呢？

保育者动用全身肢体酝酿出来的氛围，即使不是话语，也会被孩子所感知，引发孩子各种各样的心理活动。不管是怎样的和蔼笑容或温暖举动，都将打动孩子的心灵和大脑。

2. 例如

不要再让全班孩子都去吟唱七夕的音乐旋律了。

可以去摇摇竹叶，有的孩子就会自己过来把七夕短册[1]系在竹叶上；有的孩子就会自发地两个三个聚集在一起唱七夕童谣，保育者的肢体也要跟着歌曲节奏动起来，而不是流于表面地号召大家说“我们一起来跳舞吧”。

在孩子面前用心表演，就能听到孩子内心的声音——“老师，你表演的星星真漂亮”。

3. 拍手

拍手的时候，要调动全身的肌肉。

那些抱怨“腰好酸”“头好疼”的，都是在日常工作中缺乏对“心”的训练的老师。

1　日本七夕节时，人们会在五颜六色的纸笺上写下愿望，挂在许愿树（竹子）上。承载着人们愿望的纸笺就叫“七夕短册”。

4. 行礼

只是把头低下来，不叫行礼。要怀着一颗真心，并自然流露于表情中，才能带来感动。

有些保育者认为，不需要那么严厉苛刻，只要对孩子温柔就好了。虽然温柔是必不可少的，但该训斥时，要认真去训斥；该表扬时，也要用心去表扬。

5. 培养内在

举行这个音乐韵律研修会的目的，不在于让大家研究音乐韵律从而记住幼教教材。

这个研修会也有别于芭蕾舞训练课。

老师需要发挥身体机能，唤醒孩子内在的节奏感和律动感。先让自己精神振奋，情绪就会通过空气振动，传递给孩子。

我想成为能从孩子的肢体语言中洞察到孩子的心理活动的保育者，哪怕只是一瞬间。“通过空气振动传递信息”——这正是堀合文子老师的哲学。不管读了多少次，都觉得意味深长。所谓“保育环境”，说到底就是我们保育者自己。即便说保育园的空气都是老师在一呼一吸之间创造出来的也不为过。

可以接受所有新鲜事物——一直保持最“新鲜”状态的你，培养着孩子，同时也培养着自己能察知身后及两侧的敏锐神经。这就是对孩子的爱吧。（芜木）

6. 动作

将身体重心后移的老师，动作总是会慢半拍。动作慢，是因为把重心转移到指尖所花费的时间多、大脑下达指令的速度慢、心理活动迟缓。

在这里学习的老师们，不知不觉间指尖的力量就会增强。这些都与保育工作密切相关。如果没有打好基础，就调动不了神经（心）。

7. 全心全意

无关技术的高低，全心全意的态度才能吸引孩子。保育者自己也一定会乐在其中。

8. 品位

有位学者曾说过，在把心理活动形象表现出来的相关教学中，最重要的就是品位。为了能够培养出今后的国际化人才，要求保育者自身具有优雅的言行举止。

“有些人在交回乐谱的时候就忘记了曲子，坦然回家去了。这是一首老歌，现在已经不发售了。请你体会一下作曲人的感受，请把乐谱装进文件夹，小心妥善地带回去。有些人却将乐谱弄得满是褶皱并将它遗忘在教室里。——在教育中，最重要的是品位。这些细节就能透视出各位的日常生活，生活与保育工作也是密切相关的。”

我深深感到，不爱惜物品、缺乏好学的心、也不会为他人着想的这些人，还不够温柔善良。（芜木）

9. 招手

大家会时常对孩子招手，说：“来这边！”但你的招手可能存在问题。

流经指尖的血液是否流经了你的心脏——用心招手，你的保育将会发生变化。

10. 能力

人的力量是靠精神支撑的。如果没有干劲就做不成事情。孩子们也一样。

站在孩子面前的我们，如果不能将自己的能力最大限度地发挥出来，孩子就不会追随我们。

第五章

改变自己

孩子每时每刻都在发生着改变。为了适应孩子的变化，需要做到随机应变。

保育的基础是不变的，但实践方法要根据孩子做出改变。

1. 努力

我们需要的不是什么都很擅长的老师，而是肯努力去改变自己的老师。

2. 在玩的过程中

我们在舞台上练习好后，会面向观众席跳舞。

但日常的保育工作不是用来展示给别人的。我们要在孩子玩耍过程中，面向孩子培养节奏感。

3. 学习

人一辈子也做不到绝对的“优秀”。但要经常反省自己，提升自我。

没有做不成的事情，只要行动就有结果。不采取行动，是人性中某一面的懒惰所致。

我将堀合文子老师的教诲总结成“不采取行动就是懒惰”，并拿给堀合文子老师过目。彼时，她在“不采取行动”后面补充上了“人性中某一面”。越读越觉得意味深长，老师一如既往的谦逊姿态浮现在眼前。“不去行动，是因为人性中某一面的懒惰所致，而不是全部”。我从这句话里得到了鼓励。（芜木）

4. 表达内心

比如，当我们在喊“鸽子，鸽子，到这边来”时，手指的动作就会成为习惯。之后当我们面对孩子时，就会习惯性地使用相同的动作。

肢体表现，其实就是内心的反映。

5. 夕阳

只要模式固定，剩下的就只是一味练习——这不对。

大家在心里想象一枚大大的落日正在西沉，每个人将自己看到的景象记在心里、融入感情。这样，才能把内心所想反映在肢体动作中。

6. 成为孩子

大家都在仰望着星空、奔跑着，但却没有发自内心的感动。

大家已经能够做出优美的动作了，但是留在最后的这个问题也是最难攻克的……

7. 心

如果不用心，无论做什么都不会成功。做保育也同样如此。

把双手举起时，要带着感情；把双手放下时，也要带着感情。

在达到“用心”的境界前，还是最好不要开始跳舞吧。

8. 自然地表达

初学者有其自身优势，那就是能自然表达。只是时间一长，就变得流于技巧，不再能够自然表达了。

如果因此和孩子的心渐行渐远，那就太糟糕了。要再向前走一步，把技巧与真心相融合来进行表达。

9. 学习表达的目的

前几天去音乐韵律研修会现场的时候，发现很多人不知道为了什么要聚集在这里，让我着实惊讶。这些人的身体完全动不起来，因为他们没有用心投入。

既然选择了要做，就应该全心全意地去做，这是身为教育者的责任。

第 六 章

表达与学习

如果保育者想要自己的肢体动作能够感染和打动孩子内心，就需要感情和真心的投入。

1. 走路方式

仅从走路方式，就可以看出你是如何进行保育的。

请投入感情，不然你的外在表现就会变得空洞。只会用嘴和手照顾孩子的老师，一眼就能被看出来。

你的一举一动，都在描述着你的保育工作。不用心的人，称不上是保育者。

2. 月亮

所谓的表达，其实就是你自己的真实写照。

在你表演“月亮”时，你的心里有没有描绘出月亮、你的眼中有没有映射出月亮?

3. 肥皂泡

做出肥皂泡，不仅是靠扬扬手，也不仅是靠跑动，而是要把你心里的“肥皂泡”通过肢体创造出来。

做得好的话，孩子们肯定会追随你身后的。

4. 身心合一

曾经有人对我说：“今年的‘on stage’[1]真的很精彩！”但发表会并不是为了展示而召开的，目的是要让大

1 “on stage”是指对幼儿音乐节奏的相关研究和培训成果进行发表的集会。经考证大约从 1966 年前后开始，于每年 8 月在堀合文子老师任职的十文字学园讲堂进行。现在依然持续举办。本书提到的音乐韵律研修会贯穿全年，但在 8 月较为密集。

家通过学习，使肢体表达跟上内心活动。

5. 能够感知的心

之所以用一些慢节奏的老歌，是为了唤起埋藏于大家内心深处的重要东西。

快节奏的歌可能也很精彩，但正因为我们身处这样一个快节奏的时代，才希望能通过慢节奏的老歌唤醒大家人性中真正的感动，唤醒大家那颗能够感知的心。

6. 成为

你们真的“变成”鸭子了吗，还是只是在“扮演”鸭子？

“变成”和“扮演”鸭子是不一样的，在其他任何情况下，也是如此。

7. 变成孩子

形体好看，但不像孩子。

要改变自己，要将自己变成孩子。

明天请你把自己变成孩子再过来。

8. 从肢体涌现

即使脑子里清楚，如果不实际用肢体去表达，孩子还是无法理解。

能否与孩子同步，取决于你自身在平日里的钻研。

调动身体的全部机能吧。保育者的肢体中涌现出的节奏，会激发出孩子的潜能。

9. 自己的事情

我要提醒大家注意。

这对于保育者来说是常识，对于普通人来说也是必须知晓和理所应当的——请不要在听别人说话时，摆出一副事不关己的表情。

“大家”之中，就包含了你。现在说的，也许就是你，请大家把所有的话都当作自己的事情去倾听。

10. 研修会

来到这个“音乐韵律研修会”，目的不是为了锻炼身体，而是为了调动全身的神经，从而改变自己的内在。

如果不用大脑思考，只关注表象，拉着孩子一会往这儿跑，一会往那儿跑，你和孩子都不会有任何进步。

我不是在训斥各位。为了新时代的孩子，如果各位不去改变，那么保育也不会进步，我也会死不瞑目。

11. 那时

要在自己心里再三考虑之后，再去提醒别人。对于这个人，现在直接说比较好；而对于那个人，要等到他完成之后再去和他说。

对待每个人的“时机”都不同，在保育中也是同样。

12. 抱歉

全心全意地做事情时，表情也会发生变化。

可能是由于性格原因，有些人做事情总是磨磨蹭蹭。

希望这些人能来到这里，投入情感，改变自己。不然让你站在孩子面前，我会觉得很抱歉。

13. 这就是爱

今年的孩子和去年相比又不一样了。希望老师的表现可以引发孩子认知“美丽”的心。希望老师能将蝴蝶翅膀的纤柔和脆弱表现出来，让孩子们感受到。

第七章

与孩子的相处方式

要让孩子自由地玩耍。保育者只需在观察到孩子摔倒或受挫以致无法前行时，再给予帮助。

保育者要把握每个瞬间，观察和掌握孩子参加某项活动的动机，以及在活动中遭遇的挫折，并在必要时介入，这很重要。

不要过多地干涉孩子，而要在最大限度尊重孩子主体性的前提下与孩子相处。

过度干涉会让孩子感到困扰。

1. 陪孩子一起玩

老师“陪”孩子玩耍，与老师和孩子“一起”玩耍，是完全不同的概念。

前者的目的虽然是想让孩子成长，但是会毁掉孩子的自主性。

2. 做到心灵相通

现在流行让孩子自由成长的风潮，做到让孩子“自由”很容易，但之后的路很难走，要付出更多努力。

无论是问候说“早上好”，还是告别说“明天见”的时候，要注视孩子的眼睛，与孩子进行心灵交流。

尝试沉着地、用心地向每个孩子问候与告别吧。

3. 跟在孩子身后吧

不是任何时候只要做到行动迅速、到处奔走就足够了的。有些保育者擅长嘴上功夫，只会说得好听，实际上只会带着孩子到处乱跑……难道这是要让孩子陪你们玩吗?

每逢 4 月，幼儿园就会迎来一群新的孩子。期待、不安、喜悦等情绪交织在一起，总让人感觉神经紧绷。

3 岁的孩子哭喊着“我要妈妈……”，掉下了硕大的泪珠。这时，只要感同身受地回应“是啊，妈妈最好了”，孩子的表情就会立刻放松下来。

家长有时会问我：“快入园了，孩子每天都和我说不想去。你看，还总是像这样撒娇，我背起来哄哄行吗？”我回答说：“可以呀，这不算溺爱，让孩子尽情撒娇吧。”就在我们交谈的过程中，孩子紧紧搂住妈妈的肩膀、紧贴着妈妈的后背，重新露出纯真的笑容。和妈妈在一起，孩子就会很安心，这深深的安心和依赖会以妈妈为中心向周围扩散。渐渐地，孩子就会适应幼儿园，和老师成为朋友，老师在身边也会同样感到安心。这样，在老师的守护下，孩子就能慢慢体会到和小伙伴一起玩耍的快乐。（芜木）

4. 把握全局

如果保育者只能集中精力做手头上的事却无法把握全局，那他是做不好保育的。我行我素的老师也培养不好孩子。

希望各位可以在这里学习到保育者应该具备的精气神。

第 八 章

在学习韵律的过程中

1. 序幕

空间能雕刻时间，空间还能体现韵律。

韵律在无声之处流动。

2. 想去报答

我经常提醒大家，被提醒并不意味着在说你不行。

提醒大家，是想去报答在炎炎夏日里热心练习的你们中的“每一位”。

3. 每一个人

请每个人都要发出声音。不要总是在意别人，不要轻声轻语。

首先，试着把自己的声音发出来。只有这样，最终才能形成美丽的和声。

4. 配合

与他人合作时，不管你多想按自己的想法去行动，也要去配合对方，这可以帮助你把工作做得更漂亮。

5. 在灵魂深处

长笛的音色，是否传达到了你的内心？我并不是想让大家去听长笛，而是想让这长笛的音律，传达到各位的灵魂深处。

6. 汗水

人在流汗的时候，会将身体中的有害物质排出，这有利于身体健康，还能让你享受大汗淋漓之后的畅快——这就是我尽量不去开空调的原因。

7. 作为一名老师

各位老师的身体里，蕴藏着巨大的潜力。

在炎炎夏日还能聚集在这里的，都是想让自己更加精进的老师。在此期间，你们不仅能专注地去完成一个目标，同时还能学到很多其他东西。

为了孩子，哪怕只有一个孩子，也请为他尽心尽力。你的心、你的一举一动，都会打动孩子。

8. 看到他人的优点

现在的人们，可能觉得自己已经足够优秀了吧，都不怎么去效仿别人了。

希望大家今年能多去观察别人、向他人学习。

来自中国台湾的老师很擅长用全身的肢体语言去表达，大家要借鉴他们的优点。

9. 为了孩子

我给大家提出的意见和建议，都是为了孩子。请全心全意、鞠躬尽瘁地去开展保育工作，直至筋疲力尽。

不去行动，只擅长动嘴皮子的人，不配称为保育者。

10. 身体会形成记忆

各位跟随我一起学习到现在了，你们已经和当初相比有了翻天覆地的变化。这是各位努力的成果。

这个世界里有各种说辞和藉口，但请各位先把身体“动起来”。

虽然现在的状态还不足够理想，但各位已经有了很大的提升，各位的肢体也已经形成了记忆。

11. 第六天

今天是练习的第六天，各位的状态也到达顶峰了吧。

完美的总结和收尾并不意味着结束，做保育也是一样。

即便有五六年的保育经验，如果不以一个新人的心态去继续学习和挑战，那么他之前的努力就会白费。

12. 在 9 月

看到专心致志地练习着的老师们的认真表情，我忍不住落泪。

各位越来越用心，身体也越来越灵活。我相信各位在 9 月，都可以成为优秀的老师站在孩子的面前。

还没有充分发挥的老师，现在就请把你们的散漫丢弃在这里吧。

13. 第十九个年头

1985 年已经是举办“on stage”的第十九个年头了，

今年我们也会从零出发。参加过的老师会变得更加谦虚，而初次参加的老师的热情也一定会打败心中的不安。请各位在共同调动肢体的过程中，体会什么是幼儿教育。

为了成为更好的保育者而聚集在这里的，都是同胞。

今年夏天的酷暑期间，每一位老师坚持学习的每一天，我愿把这些日子称为“人性的复活日”。

将堀合文子老师的教诲铭记在心

新现代幼儿教育研究会每月都会举办音乐韵律研修会。而且，在每年夏天还会进行集训并举办发表会，这项活动就被称为“on stage”。

1985年，“on stage”迎来了第十九个年头。每年的活动都让人耳目一新，仿佛初次举办那样。应届毕业生的教师参加人数也在年年增加。

“我希望各位不仅仅把这个研修会的内容当作是一项体育活动，而是要学习如何在孩子的日常生活中充分发挥自己作为保育者的身体潜能。”在堀合老师一席话后，基础练习就开始了。

无论做什么事情都要打好基础。走、跑、跳……从双人卡洛泼步到华尔兹步等，大家与素未谋面的伙伴牵起手，感受着对方或温暖或冰冷、或干燥或被汗湿的手。彼此的手、脚、心开始能相互配合起来的时候，自然也就成了朋友。只要练习，谁都基本能踩上音乐的节奏，但如果想要做到内心中的节奏协调一致，即便只有两个人，也绝非易事。

在同一个研修会上共同学习和练习，大家在相互练习的同时就掌握了要领。人与人之间产生的共鸣，真让人感到无比愉悦。即使在轮流进行练习的间隙，如果在走廊上或教室外遇到老师，我都会向他们请教，请他们帮我纠正动作。我们还会对着玻璃窗，互相纠正彼此的动作。玻璃上映射出的是我们一张张纯真的面庞，也映射出我们立志成为理想保育者的共同目标。“坚持就是力量”，身体动起来，心也就会跟着动起来，脑神经也会随之活跃。

我尽量准确无误地将堀合文子老师在练习中教导的一字一句铭记在心，并进行记录，以上就是我在约十年间的记录汇总。“我想把这些内容分享给曾经共同学习、拥有共同理想的伙伴们”，这个念头促使了这些“语录”的诞生。

感谢堀合文子老师身体力行、极为用心地对我们这些怀揣着“育人”的共同目标的保育者进行了指导。作为一名保育者，此生能与堀合老师相遇，是至高无上的荣幸。

研修会第一期学生
神奈川县市尾幼儿园　芜木寿江

第二部分

堀合文子的保育论*

* 本部分以无藤隆、内田伸子、齐藤 Kozue 编著《丰富儿童时代——新保育心理学》（学文社 1986 年出版）一书中的内容，即内田伸子执笔的《自由保育的原则》部分为框架，在此基础上增加并整合了笔者之后发表的传达堀合老师保育理念的文献内容。

前　言

Rumi："老师为我做了那么多，可我却没有什么可以为老师做的。"（略带沮丧）

老师："不是呀（摇摇头）。那么长时间以来，老师能和 Rumi 一起玩耍，已经足够开心了！"

Rumi："……"（瞬间露出灿烂的笑容）

1985 年 3 月 11 日

毕业典礼前日　保育的最后一天

直至今日，我眼前还能鲜明地浮现出 Rumi 和堀合老师进行对话的这一幕场景，浮现出 Rumi 在听到堀合老师回应后露出的灿烂笑容。

我是在1982年4月与堀合老师的保育邂逅的。

时任御茶水女子大学附属幼儿园园长的外山滋古比教授请求我说："堀合老师还有3年就退休了。能否把堀合老师的保育过程通过录像记录下来，以供日后进行保育实习的学生参考学习？"我接受了园长的委托。那时，我尚不知晓堀合老师被人尊为"保育之神"的地位，也不知道她就是被誉为"日本幼教之父"、御茶水女子大学名誉教授仓桥惣三的得意弟子，更是对她将仓桥惣三的保育理论最贴切地应用于实践的事情一无所知。

我就是在堀合老师经常提到的"无"的状态下，将摄影机架设到了保育室里。在我取景聚焦堀合老师与孩子相处时的关键瞬间时，感受到了无以言表的震撼。因为堀合老师的保育与我当时对幼儿教育抱有的印象简直天差地别。

"堀合老师现在在做什么呢？哎？什么时候跑到庭院里的小山上去了？我到底要拍哪里才好呢？……"我时常感到束手无策。但是你看，每个孩子都在有条不紊地、全神贯注地玩耍。这些刚刚进入幼儿园的仅3岁的孩子就像在自己家的客厅里一样有条不紊地玩耍，这一幕让我觉得不可思议，同时又深受感动。

我想知道堀合老师到底有什么样的“保育秘密”，才能让她创造出这样理想的保育环境。于是我开始了每周一次的观察，观察堀合老师从早上迎接孩子到下午告别孩子的保育全过程。

当时，我研究室里的研究生横川 Hisae、铃木孝子等学生也随我一起见学观察。每次结束，回到研究室后，我们都会一起确认当天观察到的内容，讨论堀合老师保育时的言行举止。如果在讨论中出现疑问，我们又会动身前往保育室向堀合老师寻求解答。即使是对我们这些保育知识贫乏的观察者提出来的质朴问题，堀合老师也耐心地逐一解答。在这样的相处过程中，堀合老师保育秘密的“面纱”也逐渐被揭开。

就这样，我们历时 3 年，观察了堀合老师在 3 岁班、4 岁班、5 岁班的保育工作，并以视频、照片和现场笔记的形式进行了记录。我们还将与堀合老师的讨论内容和问答进行了磁带录音。通过这项工作，我不仅学到了有关保育的知识，还学会更多更多，比如人生的活法。

堀合老师经常这样说：“幼儿教育的原理亘古不变，但在保育现场进行实践时，一定要与时俱进，去研究钻研、去用心体会。”

"原理是不变的"。如果能够将保育的原理提炼出来，它将适用于任何时代和任何一间保育室。

我们通过观察一位老师的保育——一位被誉为"保育之神"的老师的保育，通过她在十文字幼儿园的保育工作中所说的话，近距离接触到了"堀合文子保育论"。我认为这套保育论可以普遍应用于很多保育实践的场景，并且成为保育实践的基础与指引。

我希望有更多从事幼儿教育的人士能够了解"堀合文子保育论"，因此整理和总结了本书稿。

第一章

以孩子为中心的保育

第一节　内涵

1. 让孩子成为主人公

日本现行的《幼儿园教育要领》及《保育所保育指针》明确指出，幼儿教育的根本是依托环境进行的教育。保育者要在以孩子为主体的、以玩耍为主要内容的保育生活中，给予每一个孩子适当的帮助，从而培养孩子丰富的情感、积极向上的精神面貌、接人待物的正确态度等，这就是所谓的“以孩子为中心的保育”。

虽然说是以孩子为中心，但并不意味着要放任孩子为所欲为，而是要从“孩子的主体性”出发，巧妙地在游戏中融入有教育意义的精炼内容，并给予孩子适当的帮助。否则，孩子就无法健康成长。在保育生活中，要认识到孩子是主人公。引导孩子自主地参加活动，是保育工作的出发点。

堀合老师说过：“老师不能因为‘自己让孩子做什么，孩子就很听话地去做什么’而感到开心。否则，在老师和孩子玩耍的过程中，‘以孩子为主体的保育’很有可能在不知不觉之间就演变成与‘集体保育’相同的模式了。”

“老师给孩子提供玩耍的点子或老师总是带着孩子玩耍，会导致孩子不想动脑筋、失去判断能力、不想自己去努力。”

孩子积极主动地参加活动时，能够最大限度地发挥自身的能力，也能最大限度地激发其成长潜能。“以孩子为主体的保育”最重视的就是孩子的主体性。与“集体保育”相比，在“以孩子为主体的保育”中，成年人的权威要小得多，保育者不再是“高高在上指挥命令的角色”，而是“和孩子平等的同伴角色”。

但这并不是说保育者只要待在孩子身边，做好配角就可以了，也不是说要让孩子放任自流。

堀合老师指出：“我们保育者要在孩子的玩耍中进

行指导。在不破坏孩子日常玩耍的前提下，使教育融入其中。”

保育者要掌握触发孩子玩耍的“开关”，并据此为他们准备好材料、营造好环境，让孩子能尽情玩耍。只要是孩子有能力做的事情，无论是什么，我们都要去鼓励。当孩子沉浸于玩耍时，我们要静静地在一旁守护。

但当玩耍中的孩子再想不出什么点子，出现了游戏停滞时，希望老师参与到游戏中，给孩子一些帮助。这时候，老师要亲自尝试给孩子做出示范，也可以一边用言语交流一边将游戏“盘活”。当有必要帮助孩子在当前的基础上更进一步时，对孩子进行教育、引导，也是可行的。但正如仓桥惣三老师所指出的，教育、引导——也就是“教导”要放在重要性排序的最后，且要适度。还有一点尤其关键，就是要正确判断进行“教导”的时机。

2. 自由与放任的区别

堀合老师说过：“要任由孩子做到哪一步？探讨有关自由的尺度问题很重要。真正的自由也是有纪律的，只有遵守了纪律，才能获得真正的自由。”

所谓“以孩子为中心的保育”，就是要去珍惜和重视孩子内在的表达或流露。但如果走向了极端，会导致什么样的结果呢？就可能会让孩子放任自流，“教育”也就无从谈起了。

孩子有没有尽情投入到活动中？相比以前有没有进步？判断好孩子时时刻刻的状态，就是保育者的工作。当看到孩子机械地重复着同一游戏时，保育者一定要帮助孩子把游戏转变成对他们更有意义的形式。

“以孩子为中心的保育”不是指保育者要对孩子唯命是从。保育者要在基于孩子主体性、自发性的活动中，看准时机，谨慎地开展具有教育性质的指导活动。

保育园不是公园，不是孩子想来就来、想玩就玩、想走就走的地方，而是他们接受教育的场所。保育者一定要预见孩子的成长，在每个瞬间判断好应该采取的行动。因此，堀合老师才会反复强调保育者要进入“无”的境界。

堀合老师这样说过：“保育者要抛开知识，进入‘无’的境界。说得更详细一点，就是保育者只需把自身感受如实表达就好。谁都想‘要做点什么让孩子变得更好’，但大家最好摒弃‘让孩子去做或教孩子，从而让孩子变得更好’这种想法。”

“如今知识和学问太多，搞得大人都很头大。但当面对孩子的时候，要有抛开知识学问归零的觉悟，要以‘无’的状态与孩子共度保育生活。”

所谓“无”的状态，就是指像一张做好了最大程度吸水准备的吸水纸的状态。我们要避免被学问搞得一个头两个大，避免去制定“今天要让孩子做这个那个”这样的目标，或是对孩子产生先入为主的偏见。但也不要把自己想象成“路旁之石”一样不看、不听、不说。我们不要带着自己的计划去和孩子相处，而是要像下文中所说的一样，随时做好向孩子学习的准备，也就是进入优质的“吸水纸”状态。堀合老师不止一次地提醒保育者：

“如果有 30 个孩子，就要在脑子里掌握 30 个孩子的信息。用保育者敏锐的眼睛去仔细观察，充分调动大脑、神经、心和身体去和孩子共同生活。”

“现在尤其需要用心，并需要锻炼敏锐的眼力，发挥看透孩子内心的能力。”

“就是现在，要更多更多地用 X 光一样的眼睛观察孩子，作出判断。”

第二节　教育目标

1. 堀合老师的保育目标

堀合老师的保育目标是培养出能够独立思考、独立钻研、独立判断、独立行动的孩子，期待孩子无论是在知识层面还是在社会层面上都可以做到自律。

所谓自律，就是可以独立思考、独立行动，但不包括自私自利、完全不顾及他人的行为。自律地进行判断时，需要考虑他人的立场和当时的环境及其他所有相关因素，并且在判断时完全不受他人的影响，这才是真正的自律。

上文提到的教育目标与康斯坦斯·卡米（Constance K.Kamii）在《皮亚杰理论与幼儿教育》一书中，基于瑞士心理学家让·皮亚杰（Jean Piaget）的理论而提出的幼儿教育论的目标是一致的。

堀合老师继承了仓桥惣三老师的幼儿教育论，通过长期实践，在理解了孩子如何进行自律性思考的基础上提出了保育教育目标。虽然文化背景不同，但堀合老师的保育目标与让·皮亚杰、康斯坦斯·卡米等提出的幼儿教育论非常相似，我对此颇有兴趣。正是堀合老师从一而终地保持着学习孩子的态度，才使得她通过实践提炼出来的教育目标愈发显得有分量。

2. 孩子们的思考能力正在变弱

1997 年年末，日本文部省公布了儿童学力测试的结果。结果显示，与十年前相比，虽然孩子的算术水平有所提升，但阅读理解能力有所下降。在理科和社会科目中，对分析原因类题目的解答能力也大幅下降。孩子为了在考试中取得好成绩，必须提高记忆能力以记住大量内容，并且要在解答问题时迅速从大脑记忆库中找到答案。之所以孩子们不擅长解答需要深度思考的问题，就是因为迄今为止的教育太过于强调“答案只有一个”“解题方法也只有一种”这样的“聚合性思维”。

真正的思考能力指的是，对于答案多样、解题方法多样的问题具备思考解答的能力。也就是说，孩子需要培养的是“发散性思维”和“想象力”。我认为，可以把堀合老师的保育目标解读为：在知识层面和在社会性层面上“培养孩子自律性想象力的基础”。

3. 无用之用的重要性

大人有时看孩子，会觉得孩子在做一些无聊的、没有意义的事情。我曾经观察过一个孩子，他在保育室旁边的沙坑上挖了一个大洞，往里注水，然后向水里扔小石子，观察激起的水花和散开的涟漪、听石子落入水中的声音，并乐此不疲地反复进行着。还有一个孩子则是不断地把手指插进蚂蚁的洞穴，然后把手指拿出来观察。他的姿势和视线以自己的手和蚂蚁的洞穴为焦点，反反复复地来回转换。

这些行为在大人看来，会觉得孩子在不断重复着无聊的游戏，从而忍不住想去阻止孩子，或是想去教孩子，引导他们做一些更有意义的活动。但是，请等一下。实际上，孩子的这些行为说得夸张一点，就是在进行科学性探索的过程。这时候就算保育者单刀直入地对孩子说“石头就是会沉到水底的啊”“这样是在破坏蚂蚁们的家啊”，孩子恐怕也不会善罢甘休吧。而且，总是这样做，很有可能就会破坏孩子“打破砂锅问到底”的主动性和求知欲。要知道，孩子做的事情，没有一件是无用功。

堀合老师这样说过：“无论是做糯米团子还是做布

丁，在制作过程中都能学到很多的东西。孩子用沙子去创作的过程也一样，他们会花费大量时间思考、脑海里不断想象物体的形态、体会沙子的质感和沙子带来的愉悦感官享受。”

“在保育中，比起大人直接给结论，让孩子自己发现原因并体验发现原因的过程更难能可贵。”

从上面这些话我们可以看出，孩子会在大人乍看之下无聊的玩耍过程中，充分发挥各种能力。孩子自己将未分类的东西进行分类，将混沌的状态归整清楚，并从中发现各种规律。孩子需要的不是让大人教授其正确的知识和技能，然后记住并使用；而是需要通过积累自己归整和梳理各种各样事物的经验，获取从中发现原理和规律的能力。这种能力既在日后的学习中不可或缺，也是在将来能够自律生活的必要条件。

幼儿期这种乍看之下效率不高的学习过程，对孩子的发育有着重要的意义。不能以效率第一的思想来衡量人的发育过程，需要把“无用之用”的概念也放入脑海中。

第二章

保育者的作用是什么

第一节　保育者的位置

1. 对等关系

只有当大人最小限度地发挥权威，或是和孩子处于对等关系时，孩子才能发挥主动性。堀合老师就始终处在与孩子对等的位置上。她最小限度地约束孩子，给孩子留出了很多独立思考和选择的空间。

我在下文中引用了几名御茶水女子大学大三心理学系学生在首次观察了堀合老师保育后的感想。

大人经常会对孩子摆出一副很有权威的了不起的样子，但这在堀合老师身上完全看不到，她给我留下的印象

是一直在与孩子对等地沟通。——S.Y

堀合老师会和孩子进行对等的交流，甚至有时候还会对孩子使用敬语。——K.J

孩子在坐着玩什么时，老师也会把身体放低坐下来指导孩子。这样孩子肯定会觉得老师和自己是同一个世界的人。——H.F

老师会和孩子建议："要不要做什么试试看？""做什么怎么样？"但绝不会命令孩子。——H.T

老师在称呼孩子时，除了直呼孩子名字之外，还会使用"あなた"（ANATA）[1]这个称呼，这让我印象十分深刻。——T.H

我认为老师的优秀之处在于，她非常善于倾听。无论是哪个小集体，老师总是能自然融入其中，倾听孩子的话语并给出自己的回复。……老师对孩子做的事情总是抱有真切的好奇心，对待孩子就像对待大人一样，非常认真和用心。——K.Y

1　日语中有多种"你"的表达方式，"あなた"（ANATA）直译成中文虽也是"你"，但却属于相对尊敬的表达方式，一般老师对孩子、长辈对晚辈、亲密朋友之间不会使用。

上面仅仅是摘取了学生们感想的一小部分。他们都不曾学习过保育原理等相关知识，对保育者与孩子之间的关系抱着固有的印象，但这些印象都被堀合老师与孩子的相处方式颠覆了，因而都感到很吃惊。学生们在没有被灌输任何先入为主的观念的情况下，仅仅通过一次参观，就能准确捕捉到堀合老师开展保育工作时与孩子相处的特点，这也让我非常惊讶。

为了帮助孩子能进行自我充实，并采取有效的方法介入到孩子的游戏中，保育者一定要理解孩子现在在做什么，他们脑子里正在想什么。为此，保育者在作为一名教育者的同时，还必须以孩子视线的高度，站在孩子的角度去观察事物。

为了和孩子融为一体，保育者必须以“无”的状态面对孩子。在一间能够发挥孩子自主性的保育室里，一定有着与孩子拥有着相同视角的保育者。

2. 作为援助者

仓桥惣三老师于 1976 年在《幼儿园的真谛》一书中指出了保育者与孩子相处的四个尺度：

第一是“信任孩子”，让他们自己选择活动，也就是让他们进行“自我充实”。保育者要做的是在一旁守护。

第二是“充实指导”。孩子在“自我充实”的过程中会有不够充分之处，因此保育者要帮助孩子在现有基础上提高“自我充实”的质量。但在指导时，要把重心放在关注孩子是否可以进行“自我充实”上。比如说有个孩子不会荡秋千，那么保育者可以帮助他荡到他想要到达的高度。如果保育者自行判断“这个年龄段的孩子就应该荡到这个高度”，并自作主张地帮孩子把秋千荡高，这就是把重心放在了保育者自己的目标上，这决不能称为是“充实指导”。

第三个是“诱导”。对于那些不会自己主动玩耍的孩子，或是不知道玩什么的孩子，保育者与孩子进行的互动将比上述两个尺度大得多。而且幼儿期的孩子大多无法持续玩耍，当孩子的游戏中断或变得不连贯时，保育者需要诱导孩子“确定中心”或“确立体系”，让孩子获得更多的成就感，从而对游戏产生更浓厚的兴趣。

第四个是“教导”。在学校教育中，这一内容是中心，但在幼儿教育中，这一内容应占比最小，且应当放在重要性排序的最后，深谋远虑地进行。只有当老师认为

“这个孩子应该再增加一项技能”时，再予以采用。

保育者要进行适时判断，然后决定采用上述哪一种相处的尺度。那么在下面这个场景中，我们应该怎样做呢？

康斯坦斯·卡米在《皮亚杰理论与幼儿教育》一书中写道：“有一天我遇到了一个4岁的孩子，他看到很重的积木竟然可以浮在水面上，感到很惊讶。每当他看见浮在水面上的积木，就会试图寻找更重的可以沉到水底的积木。这个孩子在水中玩耍的过程，就是进行科学探索的过程。”

正如我在第二部分第一章中提到的，当大人看到孩子貌似在做一些无聊的、无意义的事情时，总忍不住想把“不管多重的积木都一定会浮在水面上”这种“真理”告诉孩子。这样的“传授真理”属于上文中提到的第四个尺度，这时进入到这个阶段还为时尚早。即使这时把真理“传授”给孩子，孩子不仅不会接受，还会“使孩子失去独立思考问题的自信”。

这种情况如果反复出现，孩子就不再会去思考——如果大人不给出一个“正确答案”，就不知道该如何行动，进而养成“他律性”。必须要避免这种情况的出现。因此，仓桥惣三在《幼儿园的真谛》一书中才会强调

“要把教导放在重要性排序的最后，深谋远虑地进行”。

我想为大家展示堀合老师是如何在她的保育实践中运用仓桥惣三《幼儿园的真谛》里的这番教诲的。

这是我在堀合老师带的 4 岁班进入 11 月时观察到的一段小插曲。

4 岁的 Sayaka 在向老师努力说明，想让老师画一个什么样的独角兽。“头顶没有毛发但有一个角”“有着不可思议的力量”“幻想出来的动物”“闭上眼睛时眼角会出现皱纹”……其实就是在努力解释独角兽和马到底有哪些不同点。

然后，Sayaka 又对老师说“它还有翅膀”。堀合老师好像是联想到了飞马，说道：“啊，原来是飞马啊！”但其实 Sayaka 想的是手冢治虫把独角兽幼儿化和动漫化后的形象，所以二者脑子里“独角兽”的形象也许并不一致。但在一番长时间的沟通之后，这个问题总算是得到了解决。

看到这番沟通的场景后，我愈发觉得认真仔细的对话是一种解决问题的有效方式。在沟通中，大家会朝着达成共识的方向共同努力。

画“带翅膀的马”

堀合老师		对话中的你来我往	Sayaka	
非言语表达	言语表达		言语表达	非言语表达
开始画马。		↙ ↙	老师你给我画一匹马吧，带角的马。	
	哎？不是这个吗？	↘		
其他孩子来寻求帮助，因为情况紧急，所以先去帮那个孩子解决问题后，又回到了桌前，把刚刚画好的马递给Sayaka看。	是像长颈鹿一样吗？老师不知道，你告诉我好不好？	↙ ↙ ↘	独角兽看起来像一般的马，但是头顶没有毛发，长着犄角。它还有不可思议的力量。就像UNICO[1]一样。	看到老师回到桌前，就跑回来了。

1　UNICO是手冢治虫漫画中出现的角色，一匹可爱的独角兽。

堀合老师		对话中的你来我往	Sayaka	
非言语表达	言语表达		言语表达	非言语表达
	我不太清楚你说的马是什么样子，你在这里画画看。要是在哪本书上有类似的形象就好了……（自言自语）	↘ ↙	书上没有，因为这是幻想出来的动物。	
	那你就在刚才的马上画个犄角试试看吧。这样老师就大概能明白是什么样子了。	↘ ↙	它没有耳朵，头上光溜溜的。	没有自己动手画的意思，继续向老师用语言描述。
在不大的一张纸上画了一匹马，然后试着在头顶上画了两个犄角。	哎，很有意思啊。是这样的吗?	↘ ↙	不是两个犄角。	一直注视着老师的手。
	只有一个犄角吗?	↘ ↙	嗯，对!	

堀合老师		对话中的你来我往	Sayaka	
非言语表达	言语表达		言语表达	非言语表达
又画了一匹有一个犄角，腿分开奔跑的马。	一个犄角……是这样的吗？	↘ ↙	不是跑起来的，是站着不动的！	
把最开始画的两个犄角改为一个犄角，把那匹马改为站立不动的。	这样可以吗？	↘ ↙	它还有翅膀	
	啊，是飞马啊！	↘ ↙	（沉默）闭上眼睛时眼角会有皱纹……	好像不知道飞马是什么，很努力地在思考的样子。
又在一张更大的纸上，重新画了一匹有一个犄角的、站立不动的马，并为画翅膀留出了空间。	观察得很仔细呀！ 这个马是有翅膀的，对吧？	↘ ↘		认真注视着老师的手，看到老师开始画之后，跑去自己的抽屉把蜡笔拿了过来。
		↙	独角兽吗？	

堀合老师		对话中的你来我往	Sayaka	
非言语表达	言语表达		言语表达	非言语表达
马已经重新画好了，但是还没有画出翅膀。	画好啦，你看看怎么样？	↘ ↙	嗯？还有翅膀呢？	观察老师画好的马。
（老师想的是，在另一张画纸上画出翅膀剪下来，再将它粘到剪下来的马身上）	翅膀要不之后再粘吧？	↘ ↙	不用，现在就画吧。	
立即给马画上了翅膀。				（还不能理解老师的建议。到了第三学期，她就能够理解老师的意图，就能知道给马身体两侧粘上翅膀的话，手持这匹马走动的时候，马的翅膀能上下摆动、栩栩如生了）Sayaka看着老师给画好的马，满意地点了点头。

这段对话还向我们展示了保育者应当以怎样的姿态与孩子相处。在本书中我曾多次提到，堀合老师和 4 岁的 Sayaka 是站在同一高度的。堀合老师从不会高高在上，用权威去压制孩子。我能够感受到老师非常有耐心，能够对孩子脑海里想象出来的画面感同身受，能认真倾听孩子的每一个要求。当孩子比自己知道得更详细时，正如前文中的大三学生的描述，堀合老师会诚恳地倾听、向孩子学习。除此之外，老师还会以保育者的视角进行观察，在考虑了 Sayaka 未来成长发展的前提下予以指导，这点我们从他们最后一段对话中就能看到。

当我在听到最后这段对话时，当时并不理解老师为什么在给 Sayaka 提建议时说到一半就戛然而止了，于是在保育结束之后向老师询问。老师一开始特意不去画独角兽的翅膀，想之后单独制作，然后用胶带粘在马身体的两侧，这样手持这匹马走动时，翅膀一上一下的摆动就会显得更加栩栩如生。为了让制作出来的马的效果更好，老师才问 Sayaka："要不要之后再把翅膀粘上去？"但是 Sayaka 选择了先把翅膀画出来，这是因为她还没能理解老师的意图。于是老师就不再继续强硬地引导，果断收回了自己的建议。换作是我，我很有可能就会忍不住对孩子说“之后再把翅膀粘上去，翅膀会一上一下摆动好像真的一样，会很有趣的”，然后会强势地让她接受我的建议。但是老师却能在此时收住，按照 Sayaka 的意思给马画上了翅膀。

Sayaka 现在这个成长阶段，还不能理解老师给的提示。老师的教导真的是“深谋远虑”，当她发现孩子还没有成长到这个阶段时，就果断停止了引导。其实，就在一两个月之后，Sayaka 就能依据这个提示想象出，如果单独做一对翅膀粘在马身体的两侧，就能做出上下摇动时翅膀能摆动的、栩栩如生的独角兽了。所以我们没有必要太过着急。

升入 5 岁班的第一个学期，Sayaka 在用纸制作企鹅时，剪了两片企鹅的身体部分，并用胶带把两片身体的一侧粘接起来，使之变得立体化。她还单独做了翅膀粘上去，并且还用彩色金属条卷出脚的形状，粘在企鹅身体下。像这样，她还制作了很多有立体造型感的作品，这些作品很快在班里甚至是其他班传播开来。这说明这个年纪的孩子已经具备了仅通过老师的提示，就能想象出作品形态的能力。

保育者就要像这样，认真思考孩子大脑中正在发生什么，并在与孩子的相处中，采取有助于孩子自主思考、自主行动的保育方式。为了实现这一目标，保育者必须要做到以下三点。

首先，保育者要通过捕捉孩子的行为、表情等线索，理解孩子在思考什么、感受到了什么。一方面要基于孩子的成长发育过程评价孩子的发育水平，另一方面要随时把握孩子想要什么、在思考什么。

其次，要激发孩子对活动产生兴趣，为孩子的成长发育创设出适宜的物理环境和人的环境。

第三，要帮助孩子进一步深化游戏活动，提升他们的思考能力，给予他们适当的援助。借用仓桥惣三《幼儿园的真谛》中的话来说，就是从“自我充实”到“充实指导”再到“诱导”这种相处尺度上的递进。我们要以这三个尺度为中心，根据具体情况，有时还需要通过第四个尺度——“教导”，来增加具有教育性和指导性的保育内容。

保育者要适时以适当的尺度给予孩子帮助，但在此之前，要怎样准确把握孩子的发育水平呢？

第二节　把握孩子发育水平的标准

1. 什么是“最近发展区”？

保育者在与孩子相处时，一定要准确把握孩子当下的状态；为了进一步给予孩子适当的帮助，保育者还要准确把握孩子当下的发育水平。这是一件非常难的事情。

假设有 A、B 两个孩子。为了便于理解，我以这两个孩子的智力发育水平的测试结果向大家进行说明。为了评估孩子的智力发育水平，对孩子进行了智力测试。两个孩子都能解出 6 岁级别的问题，因此他们的智力年龄就都是 6 岁。那么是否就可以说这两个孩子拥有相同的发育水平了呢？下这个结论还为时尚早。

当在两个孩子进行测试解题的过程中，大人给予他们提示、帮助，或是提出一些有引导作用的问题时，A 能够解出 9 岁级别的问题，而 B 只能解出 7 岁半级别的问题。如果出现这种情况，说明这两个孩子的发育水平有着根本差异。在不久以后，A 应该就可以独立解出 9 岁级别的问题，而 B 则只能独立解出 7 岁半级别的问题。

苏联心理学家维果斯基（L.S. Vygotsky）将“孩子

现有的独立解决问题的水平”和“接受辅助（帮助、提示或引导等）后而能达到的潜在发展水平”之间的区域，称为“最近发展区”。从独立解题的结果来看，两个孩子的发育水平似乎是同样的，但从“最近发展区”描绘出的发展潜力来看，A 的发育水平要高于 B。如果只关注孩子当下的自主活动，说明我们仍处在静态地考虑孩子已经完成的发育过程的阶段。但如果开始关注孩子的“最近发展区”，那我们就能够动态地考虑到孩子正在进行的发育过程。关于此点，维果斯基曾在《思考与语言》一书中这样说过：

孩子如果今天借助了大人的帮助才完成了某件事情，那么明天孩子就将能独立完成。“最近发展区”理论告诉我们，理解孩子的发育不能只是关注孩子已经达到的发育水平，还要考虑孩子现在正在经历的成长过程，并明确孩子未来的发育动态。……孩子智力的发育情况至少可以通过对照两个标准——当下的发育水平和“最近发展区”来进行明确。

最近发展区

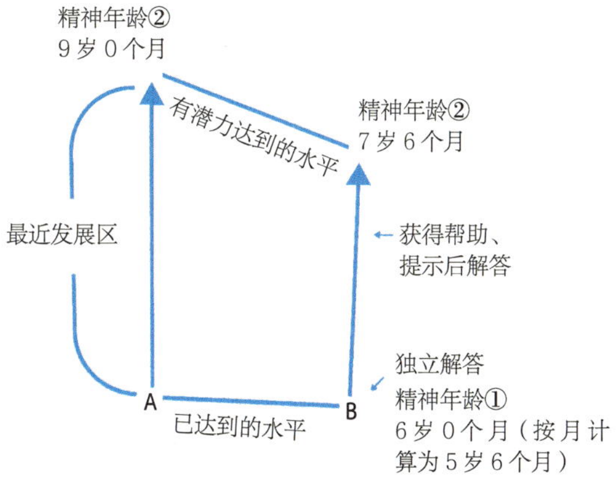

实际上，根据上述两个判断发育水平的标准去给予孩子帮助绝非易事。但是，就像刚才举出的“画有翅膀的马”的例子中堀合老师和Sayaka之间的对话一样，保育者只要用心，就能够准确理解和把握孩子想做的事情。

当维果斯基的“最近发展区”理论被翻译成日文后，日本的教育学家和教育心理学家就如何判定孩子的“最近发展区”展开了讨论。有些学者认为，“如果不去提示和帮助孩子，就无法判断孩子自身真正的发育水平”这个理论有点自相矛盾。但如果仔细去阅读维果斯基的论文，就会发现答案已经写得很清楚了。

首先我们可以通过“模仿行为”作为判断依据。如果一个孩子在观察另外一个孩子的行为后能够进行模仿，就证明这个孩子虽然自己没有想到这个活动，但身心已经为这个活动做好了准备。这也是预测孩子现在虽然正处于萌芽阶段但是即将成长的依据。

孩子虽然没有自己想到这样做，但正是因为身心都已经具备了进行此项活动所需的能力，才能完成模仿。所以保育室里最好能有各种各样的孩子，比如好奇心强的孩子，有个性的孩子，双手灵巧的孩子，善于思考的孩子，等等。保育室中孩子的特点越多样，就越能相互产生碰撞。

保育者的经验也可以作为判断依据。比如说，“啊，这个孩子和之前带过的一个孩子很像，这种类型的孩子，有的时候虽然看上去有些胆小消极，但实际上他正在思考很多问题”。保育者照看过很多孩子，积累的丰富经验能成为推测孩子思考方式和行为方式中特定习惯的依据。也就是说，只要掌握了某一类孩子发育的“最近发展区”，下次遇到相似的孩子时，就能灵活运用经验判断这个孩子发育水平。

但需要注意的是，堀合老师曾反复强调，保育者脑海中不应有先入为主的偏见，而是要用“X 光一样的眼睛”、进入“无”的状态，去观察眼前的孩子。

2.X 光一样的眼睛

这是一件发生在堀合老师带的 5 岁班上的事情：

一个孩子在彩色画纸上先画出了波浪，然后在上面画出了一艘小船（见右图）。但是，因为船和波浪之间存在着一段间隙，所以感觉船就像是浮在空中一样。孩子好像对自己的作品很不满意，看着自己的画皱起了眉头。堀合老师见状，便对孩子提议说：“要不试着把小船向下移动一点？现在看起来像漂在空中。”但是孩子仅靠这个提示，好像还是不知道该如何修改。

堀合老师看出了孩子的困惑，就马上拿来了别的孩子的作品，说“就像这样”。但孩子好像还是不能理解，歪着头开始比较老师拿来的作品和自己作品的区别。于是老师又拿出了一张纸，用铅笔画了一个船的简图，引导孩子："你看，你画的小船位置是在这里对吧？如果在这下面也画一艘，是不是就更像啦？"孩子听完这番话，终于明白了该怎么去修改，脸上露出了灿烂的笑容，随即就对自己的作品进行完善。

保育者以"无"的状态、用"X光一样的眼睛"仔细观察孩子的表情和姿势，就能看出孩子脑海中浮现出了什么。所以堀合老师说：

"我们要更加努力，用像X光一样的眼睛去观察孩子、判断孩子的状态。这才是现代的保育。……漫不经心或是流于表面的观察如'孩子很可爱、孩子很开心、孩子做到了'，都已跟不上这个时代了。"

"4岁班的孩子到了第二学期，就会开始表达真实想法，这其中也会有些任性的要求。虽说是任性，但正因为孩子的这种表达，保育者才能更了解孩子的内心。孩子不能独立完成等外在表现，可以通过眼睛直观观察到，然后只要帮孩子做几次，孩子就能够自己独立完成了。但是孩子的心是用肉眼无法观察的，所以我们才需要具备'X光一样的眼睛'，通过孩子的言行举止去看透孩子的内心。"

请大家注意堀合老师与孩子相处的方式。在进行仓桥惣三所指出的“第三个尺度——诱导”时，没有突兀地给孩子提示；在进行“第四个尺度——教导”时，也没有直接在孩子画的作品上进行修改和指导。虽然看起来可能有点绕远路，但是孩子在此过程中不断思考，不断和自己心中的内在标准做比对，同时利用保育者给出的提示，发现了需要修改的地方。这个过程才是至关重要的。我们需要关注的不是孩子思考的结果或创造的成果，而要重视他们的思考过程本身。

堀合老师曾说过：“帮助孩子去做某件事并不是在陪孩子玩，而是在向孩子伸出援手，也是在精神上助孩子一臂之力，帮助孩子时这两点要兼具。”

3. 基于孩子的过往、现在和未来进行帮助

上文提到的“最近发展区”理论是在 20 世纪 30 年代提出来的。细谷纯于 1983 年在《实现程序化的条件》一文中指出，如对该理论进行下述两点修改，会使其在保育实践的现场发挥更大的作用。

首先，要理解孩子发育的“最近发展区”是会根据被给予的帮助而发生改变的。给予帮助的方式决定了孩子

成长空间的大小，也决定了该帮助是否有助于孩子的内在成长。

第二，孩子发育的方向具有不确定性和多样性。孩子拥有向多个方向成长发展的潜力和可能性。

我想在此基础上再补充一点："通过掌握每个孩子过往的发育历程，预测每个孩子未来成长发育的可能性"这点也非常重要。不要拿孩子和另一个孩子进行比较，而要考虑孩子过往的发育轨迹，充分了解孩子思考方式的特点、擅长和不擅长的方面，在此基础上做出预测，并根据预测选择帮助方式，这样才有利于激发孩子成长发育的潜能。要认真观察每一个孩子，理解孩子之间的差异，调整与他们相处的方式。

当我们发现孩子取得进步，或者发现孩子的思考能力提升时，要立刻用语言对孩子自身的成长表示认可和鼓励："好用心啊！""这个想法太棒了！""这个做得太漂亮了！"而不是拿他和其他孩子进行比较。

日本歌手 Iruka 的歌曲《残雪》中有一句歌词："你变得更美了，比去年美太多。"难道还有比这更好的赞美吗？并非是与别人比较而得到了认可，而是自己的进步和改变得到了认可，这才是让人欢欣鼓舞的褒奖之言。要用《残雪》中的表达方式，去认可孩子的进步。孩子受到这样的鼓励，就可以树立起自信心和自尊心。在成长中获得认可和鼓励的孩子与总是被贬低的孩子，他们二十年后的差距一定可谓天壤之别。

第三章

支撑孩子活动的社会能力基础

第一节　保育者要成为孩子的“安全基地”

幼儿教育的出发点是，保育者要和每一个孩子结下温暖的心灵羁绊。堀合老师对这一点是这样描述的：

我一直把要与每个孩子产生牵绊、与每个孩子建立信任关系记在心上。在做到这点之后，才是去思考“教育”的阶段。首先要重视信任关系，在此基础上，再去根据每个孩子的想法和发育水平采取相应的保育方法。因此在保育最初阶段一个很重要的内容就是要去理解每一个孩子的性格。

所谓“理解接纳孩子”，就是指老师用心去对待每一个孩子。孩子身边如果能有像亲人一样对待自己的保育者，他们才能产生安全感并相信“遇到困难时老师一定会帮我”。

下面这段对话发生在堀合老师带的3岁班进入10月的时候。

园所的庭院中，散落着许多爬山虎的藤茎。5岁班的孩子会收集很多藤茎，编织成乌龟、篮子、球拍等玩耍。而3岁班的孩子第一年入园，也是第一次在园所经历秋天，还不知道这些藤茎能用来做什么。但是，看到大孩子在收集藤茎，3岁孩子也想去模仿。

Ayana：“老师，给我个塑料袋。”

堀合：“拿塑料袋要装什么呢？”（边挑选着塑料袋，边考虑孩子需要多大尺寸的）

Ayana：“我要拿袋子装这个！”（给老师看爬山虎的藤茎）

堀合（微笑着说）：“あ、それいいわ。[1]”

1　日语里的“いい”有肯定和否定双重意思，很容易理解错误。需要根据说话者的神态和语气来判断其是在表达“可以，行”还是“不可以，不行，不需要”。堀合老师的这句话，如果单纯从字面上来看，可以理解为“啊，可以呀”和“啊，不需要吧”两种意思。

Ayana（朝向一旁的Satoko，用很开心的语气说）：“太好啦！老师说了让我们去捡！”

Satoko（点着头说）：“我们也要像哥哥姐姐们一样收集好多回来！”

Ayana把老师说的“あ、それいいわ”理解成了“老师说了让我们去捡”。——上述对话内容就是真实还原，我未曾听漏对话的内容。

孩子在理解大人的语言时，字面意思只会在大脑中占据一小部分。在上述对话中，孩子还根据保育者的表情、语气、分发塑料袋时手的动作等种种因素并与语言结合，作为理解保育者意图的依据。老师在说“あ、それいいわ”时，如果脸上没有笑容，或是挑选塑料袋的手部动作稍有迟疑，孩子肯定就不会认为老师是同意了，也不会欢呼出“太好啦”。

孩子是否能依据这些伴随着语言的非语言要素——表情、动作、语气等来理解保育者的意思，很大程度上取决于在日常生活中，保育者与孩子之间羁绊的深浅和信任关系的牢固程度。如果羁绊很深，即使是简洁的语言，也能相互理解。因为伴随着语言的丰富的非语言因素能对语义进行补充。

堀合老师告诫我们："保育者对孩子的态度、行为、言语、用心程度等，都会对孩子产生很大影响。孩子也会敏锐地捕捉这些细节并记在心上。这些对孩子的潜移默化的影响并不浮现于表面，也无法通过肉眼观察，这导致很多时候保育者出错且不自知，从而带来非常负面的后果。"

为了能让孩子"敏锐捕捉"，保育者与孩子之间要建立羁绊和信任关系。

而为了建立这样的信任关系，我们要从孩子入园的那一刻起，就去用心照顾孩子，满足孩子的各种期待。

堀合老师曾这样说过："有些保育者可能担心如果照顾得过于周到，以后孩子会不会变得无法独立。不用担心，保育者为孩子所做的一切都是孩子学习的范本。无论是扣扣子、洗手、收拾整理或是做手工等所有事情，最开始时我都会帮孩子去做。在这个过程中，能自己做的孩子就渐渐多了起来。"

有时候，保育者帮助孩子的方法会被人认为是溺爱。比如立川多惠子在《向堀合老师学习》一文中曾提到堀合老师的这样一件事：

一个叫晴彦的孩子回到保育室后，就会让老师帮他换袜子、换拖鞋，享受着无微不至的照顾。我在旁边看到这一幕，有时都忍不住想要去批评，“已经是中班[1]的孩子了，何不让他自己去做”。但老师并没有着急，没有强迫晴彦，而是默默地继续照顾他。这种看似“过度保护”的照顾，其实正在让晴彦对老师的信任慢慢加深。

堀合老师曾说过：“年幼的孩子在自己做不到时，经常就会依赖老师。这个时候要去帮助孩子，帮助孩子就是在用心对待孩子。相对于命令孩子这样做那样做，直接帮助孩子更有利于孩子养成自律的行为习惯。”孩子在刚入园时，乍看老师对孩子的帮助好像是在溺爱孩子，但其实这些都是孩子进步的契机。保育者的行为举止，不仅能为孩子示范，还可以获得“孩子对保育者的信赖”这个副产品。

并且，在保育者照顾和帮助孩子的过程中，孩子还可以感受到被人帮助的喜悦。在与朋友相处的过程中也会想去再现这种喜悦，将有利于培养孩子助人为乐的品德。

1　一般指 4 岁孩子。

第二节　孩子之间的关系是培养社会能力——自律性的基础

在实践“以孩子为中心的保育”时，孩子之间的关系会影响到孩子活动的充实程度。

与集体保育不同，在以孩子为中心的保育室里，老师不会把孩子都集合起来，让他们坐在书桌前学习相同的内容，而是通过环境设置调整孩子在保育室内的位置和分布。在极端的情况下，孩子可以一整天都独自玩耍而不接触任何一个人。虽然这听起来可能有点矛盾，但相对于为孩子准备相同活动的、让孩子能轻而易举地与他人产生交集的集体保育，以孩子为中心的保育更能孕育出孩子之间深层的人际关系。当然，为了构建孩子之间这种深层的人际关系，保育者的介入是必不可少的。

从以培养社会能力——自律性为目标的幼儿教育的观点来看，与同龄人构建良好的关系非常重要。皮亚杰理论中的“自律”指的是，在最大限度地发挥个人主义的同时，以自己希望被对待的方式去对待他人。在日本文化中，人们非常重视人际关系中的“和”。有很多时候，“和”会被理解为压抑自己的意识，去随波逐流地附和其他人——如果不去压抑自己的意识，就会被认为是任性。这不是真正意义上的“和”。每一个人都能在保持自我的基础上，通过与他人友好相处、相互合作从而学会自控，才是真正意义上的“和”。

为了养成自律意识，必须要通过与各种各样的人沟通来学习控制自己的欲望，并不断积累自控的经验。为此，堀合老师特意把手工桌上的剪刀数量设置得比椅子数量少，以促使孩子积累相互谦让、等待和轮流使用的经验。老师还会经常让那些先完成制作的孩子去帮助其他孩子。

并且，堀合老师绝不会看漏孩子为他人着想的每一个瞬间。每当这个时候，堀合老师一定会褒奖和肯定孩子。堀合老师从孩子入园的那一刻起，就会很有目的性地、有意识去地培养孩子的自律性。

第三节　处理争执的方法

在保育室里经常会出现这样的情况：很多孩子集中到一个区域，导致其他孩子被排挤；或是几个孩子争抢同一个玩具而发生争执。

处理争执的方法关系到孩子是否能与伙伴建立良好

的关系。堀合老师认为，发生争执时也是培养孩子自律能力的绝好机会，这时一定要本着明确的原则进行处理。以下就是处理争执时需要遵守的原则：

第一，要迅速观察和理解“不良行为”发生的背景情况，准确把握争执产生的原因。很多时候，保育者只看到了孩子行为中的一些片段，所以保育者要在“不良行为”发生时更加慎重，要从孩子的行为片段中努力寻找和理解其背后的依据和孩子的理由。

以我在保育室里看到的真实场景来举例。

有个男孩子，把女孩子们在桌子上辛辛苦苦整理好的球一个接一个地扔到了地上。之后，他小声说：“这些球挡着，铃虫们就看不到外面的风景了……”原来在球的后面，摆放着装有铃虫的笼子。如果我们只看到了孩子把别人辛苦整理好的球扔到地上这个行为，就会觉得“这是不对的”，但其实他有自己的理由，他只是想帮铃虫把笼子周围的障碍物清除掉。

第二，为了把握争执产生的原因，需要迅速辨别问题产生的根源是在于人还是物。很多时候，问题产生的根源其实是在于物，这时只要把这个“物”的问题解决，矛盾就消解了。

有两个男孩子坐着互相用手肘戳对方，力量较弱的孩子撇着嘴，眼看马上就要哭出来了。那时正是保育实习生在园所实习的季节。一位年轻的女性实习老师看到这一幕，马上就上前说："不可以这样哦，要好好相处。"堀合老师则悄悄靠近孩子，把他们的椅子拉开了距离。于是，两个孩子就像什么也没发生过一样，继续投入到了各自的手工制作中。

那么，如果问题产生的根源是在人身上，应该怎样处理呢？在这种情况下，妥善处理的难度还是很大的。这时保育者采取的方法，将会决定孩子是能养成自律性，还是只能观察大人的脸色来采取行动从而养成他律性的人际交往习惯。

孩子在与他人建立关系时能否为他人着想，取决于孩子是否能站在他人的角度思考。以前我曾进行过这样一项实验。

我给孩子展示了三张画卡，并让孩子回答和说明最后的问题。

第一张画卡上的内容是"Usako（一个女孩的名字）不喜欢红色"；第二张画卡上的内容是"Usako过生日的时候，奶奶送了她一双红色的靴子"；第三张画卡上问：

“Usako 要怎么做呢？”

3 岁的孩子会不假思索地说：“不要，因为她不喜欢红色。”

5 岁的孩子则说：“肯定要收下，因为如果她说不要的话，奶奶会伤心的。”“如果是我的话，我就会收下，不收下的话奶奶会很失望的。”5 岁的孩子已经会像这样，在采取行动之前考虑他人的感受了。

4 岁的孩子则在苦恼了一番后，一半回答“要收下”，一半回答“不要”。这种在考虑了他人感受的基础上采取行动的做法称为“情绪表达规则（display rules）”。孩子到了 5 岁时，开始能够使用此规则去调整与他人的关系。孩子替他人着想的能力发展，与认知能力发展也就是处理信息能力的提高，是同步的。

通过以上内容，大家应该能够理解保育者根据孩子的发育水平来调整保育方法的必要性。当年龄较小的孩子调皮捣蛋时，保育者要极力避免训斥孩子。其他孩子的眼里只会看到“XXX 被批评了”“XXX 喜欢欺负人”，他们在这个年龄阶段还不能通过观察别的孩子被批评，意识到自己不能犯同样的错误。这时，我们最好能采取这样一种表达方式，让被欺负的孩子理解和谅解欺负人的孩子。保育者可以通过像“你是不小心撞到他的对吧”“你不是故意撞他的对吧”这样的说法，替孩子去解读其行为，并赋予其正面的意义。这样无论是欺负人的一方还是被欺负的一方，都能学会有意识地理解对方。

当孩子长大一些，到了已经可以意识到自己做错了事情的年龄阶段时，我们要明确指出孩子的错误。比如，孩子没有事先打招呼就随便拿走了小伙伴正在玩的玩具时，就要善恶分明地明确告诉孩子说：“那肯定是你不对呀。不打声招呼就把别人东西拿走了，换成是谁都会生气的。”告诉孩子这样做时别人的想法与感受。从老师的话中，孩子就会渐渐不再去做让别人感到不愉快的事情了。

第三，要通过引导，提高孩子的自制力。

当看见一个孩子差点和别的班的孩子发生冲突争执，但最终还是忍住的时候，要马上对他给予认可：“你刚才能忍住没生气，真的太棒了！”

当一个孩子因为被别的孩子推了一下而耿耿于怀，嘟囔着“他推我了”的时候，要安抚孩子：“没事没事，不要因为这一点小事就生气啦。”

当孩子来告状说“他撞我了”时，老师要用安慰的语气对孩子说："啊，生气多不好，不要太在意，就当成没发生过吧。"不要以去追究别人错误的方式对孩子说话，而是要引导孩子学会忍耐。

有时，保育者还需要进一步为孩子搭桥牵线，帮助他们构建良好的关系。但是，正如堀合老师以下所说的，在这个过程中也要让孩子自己去判断该如何去做。

"有些时候孩子不能很好地把自己制定的游戏规则传达给对方，导致别的孩子即使想一起玩也无法加入进来。我们要重视孩子想加入小伙伴一起玩耍的想法，老师如果想推荐其他孩子加入，也要去征求组织游戏的孩子的意见：'XXX 好像也想加入，把你的游戏规则告诉他好不好？'"（但最终的判断权还是交给孩子）

上文提到的处理争执的方法，可以帮助孩子养成站在他人角度思考和行动的习惯。康斯坦斯·卡米曾在《培养孩子自律性的教育》一文中举过这样一个例子：一个孩子因为自己的手工作品被他人破坏了，哭着跑来找老师告状。老师对孩子说："是谁把你的作品搞坏啦，可不可以只悄悄告诉老师一个人呢？那个小朋友应该不是有意的，老师和你一起把它恢复原样吧！"老师并没有采用去批评责怪那个破坏作品的孩子的表达方式，这样孩子就能理解破坏作品的孩子并不是恶意而为之，并且孩子也会明白自己下决心要把损坏的东西复原这种“规则制定”是会受到表扬的。

无论如何，保育者只有坚持“相信班里没有一个是坏孩子”“相信没有孩子想做爱欺负人的淘气包”的态度，才有可能正确采取上文所述的应对措施，帮助孩子形成为他人着想的意识。保育者需要树立这样正面和积极的人生观，以始终如一的真诚态度去与孩子相处。

第四节　奖惩会妨碍自律性的形成

一般来说，我们会通过“惩恶扬善”的方式来教孩子分辨好坏与善恶。使用奖惩这种方式，确实能在当时收到立竿见影的效果，但就长远来看，这种方式却会起到相反的作用。康斯坦斯·卡米在《培养孩子自律性的教育》一文中指出，惩罚孩子将会带来如下三种后果：

第一种，孩子会学会算计，在训斥过自己的大人面前耍滑头装乖。孩子被惩罚过一次之后，下次如果做同样的事情时就会想办法避人耳目。

第二种，与第一种情况相反，孩子变得盲目妥协。

表面上看起来孩子“很乖”“没有问题”，但这也恰恰是孩子没有树立起自信心和自尊心的证据。大家回想一下，当采访那些让媒体哗然的问题儿童的老师时，他们是不是经常斩钉截铁地回答“这是个平常没有问题的普通孩子啊”？

第三种，孩子会产生叛逆心理。与此同时，孩子还会产生“我是不被别人认可的”“我是坏孩子”等消极想法，无法肯定自己、接纳自己，从而妨碍孩子树立自尊心。

奖励虽好过惩罚，但很多时候还是会妨碍孩子判断对错与善恶。孩子会为了避免被训斥，努力去做“乖孩子”“做好事的孩子”，或是为了获得奖励而遵守约定。孩子其实是被夸奖自己或奖励自己的他人所支配了，这不是真正的自律。

但堀合老师很擅长通过表扬孩子，使其顺利过渡到下一个成长阶段。在夸奖孩子完成的作品、认可孩子的善意举动时，保育者的语言表达方式，不需要把重点放在肯定孩子的成果或善意行为本身上，而是要让孩子通过被自己很在乎的人表扬或认可的体验而受到鼓舞，产生“下次还要这样做”“下次要做得更好”的想法，以促进他们进一步的改变和成长。

那么，要如何夸奖孩子，才能避免让他们陷入“为了获得夸奖而做好事”的他律思想，而引导他们真正进入到下一个成长阶段呢？这就需要我们采取“认可孩子自身相比以前所取得的进步”的方式。

正如前一章提到的，用《残雪》中歌词的表达方式去认可孩子相比以前所取得的进步，对于促进孩子的成长发育非常重要，绝不要拿孩子和他人进行比较。比如当看到将要发火的孩子控制住自己时，就要对孩子说：“你真棒！这次没有生气！”看到孩子的涂色涂得很好时，就要对孩子说：“你现在涂色很棒了，进步很大呀！”如果孩子确实能够感受到自己“做到了”，就能带着满足感去接受表扬，从而涌现出“下次要更努力”的勇气。此外，孩子还能感受到老师对自己无时无刻的关注，从而培养出对老师的信任和安全感。

如果能以建立保育者与孩子之间的心灵羁绊为中心，构建孩子之间的良好关系以促进他们自律性的发展，孩子就能投入到进行自我充实的活动当中去了。

下面一章将介绍有关环境设置的思考方法。环境能成为引发孩子活动的契机，也能促使孩子活动的多样性发展。

第四章

活动的契机与深化

第一节　为孩子的活动创设契机

思考在保育室内为孩子准备怎样的道具和材料，是保育者的一项重要工作。因为保育者进行环境设置的合理性，决定了其教育目标是否可以达成。

进行环境设置时有一个不可动摇的原则：一定要基于孩子发育水平。在选择玩具种类时也需要考虑到孩子的智力发育水平和运动能力水平等因素。桌椅的高度设置自不必说，在手工制作等区角，还要为孩子准备适合他们使用的材料道具。例如，4 岁的孩子控制手指的力量尚不足，手指还不够灵活，如果在他们的手工制作区角放置订书器，那就是弄巧成拙；在 3 岁孩子玩过家家的区角放置筷子等尖锐物品，或是像雨伞这样需要较大力气才能打开的物品，也是不合理的。要通过观察孩子的成长情况和玩耍情况，根据其发育水平，逐渐为其增加材料道具的种类和数量。

另外，要区分孩子“还不太能自主玩耍”与“逐渐学会自主玩耍”的时期，改变区角的环境设置。堀合老师在孩子刚入园的时候，会把绘本区角的书都打开，营造出好像刚刚有人翻看过一样的环境；会在过家家的区角，把桌上摆满“美食”，然后让玩偶坐在椅子上，营造出大家正在享受美食的氛围；会在积木区角放一些散乱的积木，再事先搭好一个“隧道”。堀合老师会像这样，通过事先的环境设置，不动声色地引导孩子去开展游戏。入园一个月后，孩子逐渐学会自主玩耍，并且当看到某个区角比较散乱，好像有别的孩子还正在玩耍时，开始形成避开不打扰的意识。因此在孩子学会自主玩耍的时期，保育者要把每个区角都整理得井然有序。

第二节　引导孩子参加各种各样的活动

如何才能让孩子的活动更具有多样性呢？比如给孩子

准备绘画材料时要有变化性，有时准备大张的厚纸，有时准备小张的复印纸，有时准备各种颜色的彩纸；还要准备种类多样的画笔，如铅笔、马克笔、蜡笔等。这样孩子在每次绘画时，指间都能收获到不一样的感触，完成的绘画作品也自然会丰富多样起来。

堀合老师经常组织孩子们在羽子板[1]上画画，并会根据孩子的年龄为他们准备各种各样的材料。

堀合老师会为 3 岁的孩子在绘画桌上准备毛笔和放有 6 种水彩颜料的调色盘，并且把绘画桌就放在孩子早上来园后去洗手的必经之路上。这样一定就有孩子能敏锐发现，并和老师说想要去桌前坐着画画。一个孩子这样说，其他孩子也会跟着说“我也想”。有时候，想要画画的孩子比椅子数量还多，这时老师就会对等待的孩子说：“大家排队等一下，Masao 你想画汽车对嘛？ Sayaka 你想画什么呢？”堀合老师会根据每个孩子的爱好为其提议和举例，细心引导等待中的孩子想好自己马上要画什么。孩

1　羽子板通常为长方形，用羽子板互相拍击羽毛毽子玩是日本新年的一项传统活动。由于挥动羽子板的动作很像在驱逐或赶走什么东西，所以羽子板被日本人视为可以驱邪的的吉祥物，在新年正月会在家中装饰羽子板以祈求好运。

子到了大班，才具有自己制定计划并约束自己按计划行动的能力。堀合老师通过此举，意在帮助 3 岁的孩子制定计划、明确目标。

孩子到了 4 岁时，就会先用铅笔打好草稿，再用 12 色的马克笔分别上色。孩子活动的内容也会随着上色方式的不同，而更加丰富多彩。

那么 5 岁班的孩子们呢？堀合老师在设置羽子板绘画区角的时候，我很好奇地观察了一下，发现堀合老师竟然为孩子准备了用来打草稿的电笔和用来涂色的 24 色（包含金色、银色）细头马克笔。孩子面对从未见过的“电笔”，最初感到有些不知所措，但很快他们就发现把笔接上电源，就能在木板上描绘出线、圆等图案。甚至有孩子发现，如果笔尖接触木板的时间稍长一些，画出来的线条就会变粗，于是反复用电笔点击木板，用虚线勾勒轮廓。没过多久，这个方法就传到了其他孩子那里，大家都画出了非常优秀的作品。

还可以利用季节性的纪念活动，来丰富孩子的玩耍内容。比如说，运动会就是丰富孩子运动类游戏和音乐韵律类游戏的好机会。堀合老师从不会组织孩子为了运动会而排练，而是时不时地在保育室里播放广播体操的录音带，有兴趣的孩子自己就会跟着跳起来。当孩子过来问“这个动作怎么做”时，堀合老师就会给孩子们示范“鸽子咕咕体操”“花朵体操”等的动作要领。有的孩子会模仿着老师的动作跟着跳起来，但是也有一些孩子完全不感兴趣，还有一些孩子一次也没有主动做过操。但即使这些孩子没在做操，也是在听着音乐的，并不知不觉记住了体操节奏；也是在看着别的孩子做操的，并不知不觉记住了体操动作。凭着这些，孩子就足以在运动会当天完成出色的表演。堀合老师还会给孩子展示在运动会竞技游戏中使用的装饰花、丝带及装饰会场的各个国家国旗的样本，孩子可以随时挑选自己喜欢的国旗图案去涂色，然后挂在横穿保育室的一根绳子上。通过这些活动，孩子越来越迫不及待地想要去迎接运动会，每天都生龙活虎地练习，期待着在竞技中取胜，体操也做得越来越好。

运动会不是孩子向家长展示练习成果的地方，而是丰富孩子活动内容的绝佳机会。在堀合老师所带的班级里，运动会结束之后，年幼的孩子就开始模仿大孩子在运动会上的竞技游戏，并体会其带来的乐趣，比如接力赛跑。而在那些强迫孩子练习的班级，却完全看不到孩子开心地回顾和模仿的场景。这种鲜明的对比给我留下了深刻的印象。孩子可以在愉快的玩耍中，把运动会等纪念活动作为学习的源泉。堀合老师以此为目标，不着急、不强制、精心为孩子做足了准备，这使我深深感动。这就是她被誉为“保育之神”的原因所在吧。

2 岁保育室中的环境设置

为孩子设置“店铺”，使孩子从制作彩色水游戏向“贩卖汽水”游戏升级。根据孩子的成长发育特点和兴趣所在，通过环境设置深化和丰富孩子的游戏内容。

照片出自日本 Kids Corporation Holdings Inc. 旗下“大地的恩惠保育园”

运动前的接力赛跑练习

刚升入大班 4 个月的孩子在园所中庭画上跑道，模仿去年大班哥哥姐姐们在运动会时跑接力赛的样子，玩接力赛跑游戏。

照片出自日本 Kids Corporation Holdings Inc. 旗下“风与绿认可儿童园”

第三节　创设能让孩子全身心投入活动的环境

创设能让孩子全神贯注、全身心投入游戏的环境，也是保育者的工作之一。以下将从“如何通过创设环境保障保育环境的安全”和“如何通过创设环境让孩子养成基本的生活习惯”这两点展开阐述。

1. 保障保育环境安全的行动原则

为了让孩子能在保育室里安全地生活，对孩子进行与安全相关的约束和教育时，一定要直截了当。当有孩子爬上桌子，就要明确地告诉孩子说，“这里是吃饭的地方，不要上去”。当把剪刀递给孩子时，一定要叮嘱“用剪刀的时候要坐在椅子上”。这样无论是被提醒的孩子，还是在旁边听着的孩子，都会自然而然地记住什么是不可以做的，什么是必须要遵守的。

此外，如果存在潜在危险，一定要和孩子说清楚为什么这样做是危险的、如何做才能避免危险的发生。比如当孩子把小刀乱放的时候，对孩子说“XXX，这个（刀）是很危险的，你把它放在这里会划伤别人的”，不仅对孩子进行了安全教育，也提醒了孩子要替他人着想。当孩子进入到可能发生冲撞危险的区域，我们要对每一个孩子说："在这里如果突然跑太快，很容易和对面跑过来的人撞上，所以不要在这里奔跑啊。"像这样，在有危险的时候，一定要对每个孩子事先说明。通过坚持这样的安全教育，总有一天即使是孩子自己一个人行动时，脑海中也会不断回荡着老师的教诲，形成自觉的思考——"经过这里的时候要慢一点，要仔细观察"，并最终形成对危险回避的条件反射。

有个孩子受伤了，堀合老师这样提醒别的孩子："XXX 不小心把脚磕破了，幸亏伤口不大，不然可就严重了。他说这是他从家里沙发上跳下来的时候摔的。"

上文的例子都是堀合老师用语言提醒孩子注意安全时的典型案例。随着孩子的活动范围越来越大，有时他们可能会脱离保育者的视线范围。因此堀合老师从孩子刚入园开始，就会提醒孩子注意安全，培养孩子对自身行为的把控能力。

另外，还要通过环境设置和准备，给孩子创造能投入玩耍的安全环境。例如：要把孩子经过时容易被绊倒的架子移开、把有可能导致孩子擦伤的桌角等包上海绵并用胶带固定、选择稳定性较好且不容易掉落的花瓶或直接把花瓶靠墙放置等。

2. 促进孩子养成良好生活习惯的行动原则

以孩子为中心的保育不会被材料或其使用方法限制，孩子可以在任何时候开始玩耍或停止玩耍。但如果放任孩子，孩子就会不爱惜物品或是容易半途而废。有些保育者还会以“要让孩子自由”为藉口，疏于培养孩子良好的生活习惯。“自由”不是不管孩子，也不是放任孩子。孩子只有遵守了生活中的规则和约束，才能获得真正的“自由”。

因此，在平日里就要培养孩子爱惜物品的习惯。首先要让孩子从珍惜自己的作品开始，对其进行引导。当孩子把自己的作品丢三落四时，要对孩子说：“这是小伙伴帮你找到的，下次再去庭院玩的时候不要忘记拿回来了哦。”孩子到了 3 岁时，还可以让他们把完成的作品放入塑料袋中并系上丝带带回家。渐渐地，孩子就学会了爱惜自己的作品，会把它们收到抽屉里或者带回家保管。

还要在平日里提醒孩子不要浪费做手工的材料。如果有孩子想把做到一半的作品扔掉时，应该对他说："这样是不行的，如果在幼儿园做到一半不想再做的话，可以把它收起来，留到以后再做。""要按需取用啊。""如果有多出来的彩色金属条记得还给老师哦，不然会很浪费的。"如果孩子只需要一张很小的纸张，可以让他体验一下使用其他孩子剩余的纸张。在这个物质过剩的时代，堀合老师还是会把孩子做手工剩下的纸张的四周修剪平整并放到盒子里，下次制作较小的物品时再拿给孩子使用。

堀合老师这样做不是因为小气，而是为了教导孩子要爱惜保育室和园所里的物品，不要让它们"伤痕累累"。老师在3岁班里经常反复强调："这是大家一起用的东西，所以一定要爱惜哦。""不要把垃圾随便乱丢。"这些话真切反映了堀合老师的生活态度和价值观。

堀合老师认为，教导孩子爱惜物品不仅能让孩子懂得如何珍惜"物"，还关系到让孩子懂得如何珍惜"人"。现在虽然物质丰富乃至过剩，但正因为身处这样的时代，我们才更要教会孩子懂得珍惜。希望家长也能给孩子做出好榜样，但遗憾的是很多家长都做不到这一点，如今在各种场所都能看到一些大人缺乏素质和教养的行为。

因此，幼儿教育现场的责任更加重大，要让孩子知道每一样东西都来之不易，要培养孩子的公德心。只有这样，孩子才会渐渐懂得要避免浪费地球资源，并且由此学会珍惜和善待身边的每一个人。在做幼儿教育时不能只考虑如何培养眼前的这个孩子，而是要放眼未来，考虑如何培养孩子成为新时代文明的创造者。孩子的心最具可塑性，因此要在幼儿阶段注重对孩子内心的教育，为孩子的成长打下良好基础。

另外，为了培养孩子不半途而废、坚持不懈的良好品质，保育者还需要使用适当的言语鼓励孩子。如果孩子才刚做一件事就不耐烦的时候，要这样对孩子说："XX，先专心画好一张好不好？不要总想着一下就画很多。你看你要是不把这张画认真涂好，它看起来多可怜呀。"或是："做到一半就不做了，这不太好吧。"以此敦促孩子继续把手头的事情做完。

而当孩子自己想起有件事情还没有做完时，不要忘记肯定孩子："你能把它挂在心上，真的太棒啦！"看到孩子正在努力时，要鼓励孩子："就差一点啦！做好油轮就能开着它去运石油啦！"有时，还可以建议孩子把手头的事情做完再进行下一项活动。当孩子来问，能不能先去外面玩一会儿再回来接着做时，应该告诉他："只差一点啦，先把它做完吧！要是彩色金属条不够，我再给你拿一点。”当孩子坚持把一件事情做完后，保育者要坦诚地表达自己的喜悦：“哇！你能坚持做到最后，老师真的为你开心！”

如上文所述，合理的环境设置能激发孩子对玩耍的兴趣、丰富孩子游戏活动的多样性。只有把环境设置与培养孩子的内在成长（包括学会注意安全、养成良好生活习惯、形成集中注意力、培养出坚持到底的性格、懂得爱惜物品）同步推进，才能结出丰硕的果实。

下一章总结整理了保育者应该如何通过与孩子相处来促进孩子的成长发育。

第五章

促进孩子想象力的发展

第一节　用行动去示范

保育者在孩子面前的一举一动，都会成为孩子的行为范本，比语言带给孩子的信息量更大。堀合老师曾经说："在进行幼儿教育时，很多时候相比于'言传'，'身教'更容易让孩子意识到问题。"越是语言发育还不充分的低年龄段孩子，对他们采取"身教"的效果就越是比"言传"要好得多。

有这样一个事例。在过家家区角，一群孩子在一块被设定为"家"的铺设物上玩得很投入。孩子把鞋子（室内用鞋）随意脱放在铺设物周围，鞋子呈现出各种朝向，看上去很凌乱。这时如果老师对孩子说"把鞋子摆整齐后再上去玩”，可能会破坏孩子好不容易才进入的玩耍状态。老师应该作为参与者加入孩子的游戏中，一边说“我来给大家帮忙啦”，一边默默地把孩子的鞋子摆放整齐。这种方式比直接用语言更为有效。一段时间后，孩子就学会了在进入“家”里之前，要先把鞋子摆放整齐。甚至还有孩子提出要扮演“小管家”，帮大家摆放鞋子。看来孩子即便专注于玩耍，仍然会关注自己喜欢的保育者的一举一动和一言一行。

保育者在做示范时，不仅在孩子面前的行为本身能起到教育孩子的作用，而且这些行为如整理整顿环境也反映出了保育者的思考方式，这种思考方式对孩子来说也是一种示范。怎样收拾过家家区角的被子、怎么收纳茶碗、怎样整理玩具使之便于使用等，孩子会观察和学习保育者的思考过程和行动结果，理解他们把东西这样归整的原因。

在堀合老师任职的幼儿园，每周二都会有花店的工作人员来访。保育者会根据各自所需向他们订购鲜花，并插在保育室的花瓶里。有一天早上，我不经意间看了一眼摆放在堀合老师保育室里的花瓶，花瓶里的花看起来就像是不够尺寸一样，都很矮小，谈不上协调之美。

堀合老师很注重美感，为了让自己的动作、举止更加优美，还学习了日本传统舞蹈，并达到了大师的境界。这样的老师插的花竟然让人感觉不协调，这究竟是怎么一回事呢？我非常疑惑。我又去看了看别的保育室里的花，大家都把鲜花设计和摆设得很有美感，对比之下愈发觉得疑惑。

随后我回到了堀合老师的保育室，像往常一样坐下开始进行观察。当花瓶里的花再一次映入我眼帘的瞬间，我不禁“啊”的一声喊了出来。坐着看，这些花看起来其实是协调的、是很有美感的。原来堀合老师是为了能让孩子看见鲜花最美的样子，按照孩子的视线高度去修剪摆设了鲜花。

最近有很多温室栽培的花，其中有些反季的鲜花冲淡了季节感。堀合老师购置鲜花时，会从中挑选出一些能充分体现季节感的时令鲜花，并总是费劲心思地琢磨“这种花的颜色和什么颜色、形状的花瓶比较搭配呢”。堀合老师的用心换来的是孩子自然而然的理解。有一天，堀合老师像往常一样正在插花，因为一通紧急电话离席去了职员室。有三四个孩子看着堀合老师剩下的还没插完的花，其中一个孩子突然说：“这枝紫色的花和那个白色的花瓶很搭啊。”另一个孩子听了以后补充道：“把这枝黄色的花也一起放进那个花瓶会更好看呢。”像这样，孩子讨论的话题不断延伸，从把什么样的花组合到一起，到把花放到哪个花瓶，再到把花瓶装饰到哪里。彼时彼刻，我对堀合老师曾说过的下面这段话产生了深深的共鸣：

“现在的孩子能敏感地理解我们的想法和感受。所以保育者一定要全身心投入，调动大脑、感觉和神经。保育者能否把自己的思考方式和关怀他人的方式传达给孩

看到了老师行动示范后，孩子学会了在走廊前整齐排列鞋子

照片出自日本 Kids Corporation Holdings Inc. 旗下“大地的恩惠保育园”

子，不取决于孩子，而取决于保育者自身。”[1]

第二节　控制说话——为孩子留出思考空间的说话方式

语言是促进孩子发育的直接手段。因为这种手段简单快速，大人常常把它作为不二之选，变得越来越依赖通过语言对孩子进行教育。我在幼儿园、保育园中进行观察时，总感觉保育者对孩子说的话太多，不必要的解释说明太多。像这样一下子对孩子说太多话所带来的危害，比对孩子说过少的话带来的危害还要大。

对孩子说太多话不仅会剥夺孩子自主思考的空间，而且像机关枪一样对孩子说个不停，还会让孩子养成不去思考语义、纯凭自己的感觉理解、把别人的话当成噪音左耳朵进右耳朵出的坏习惯。

在回答孩子问题时，简短一点反而效果会更好。不要担心回答过于简短，孩子听不明白，如果不明白，孩子一定还会追问。下面这段老师与孩子的对话就是一个很

1　作者在理解了原文的基础上进行了部分文字编辑。

好的例子。故事发生在 4 岁班进入 10 月的某一天。

Taito："'畜家'是什么呀？"

堀合："这个词要从这边（指向左边）开始读，读'家畜'"（指出读的方向）

Taito："那'家畜'是什么呀？"

堀合："就是在家里饲养的动物。"

Taito 露出恍然大悟的表情，点了点头。

只要在孩子问问题时给出回答就可以了，不要去不停说明超出了问题本身的事情。保育者给孩子的答案应该是推进孩子进一步自主思考的"提示"，因此希望保育者的回答言简意赅，为孩子多留出一点思考的空间。

下面这个例子还原了一个 4 岁孩子在做"油轮"时的场景。当时堀合老师不凑巧正在照看别的孩子，没能听清楚孩子提的问题。

Yuki（想要把三个摞在一起的箱子固定在"甲板"上，他先试着把箱子放在了"甲板"的中间位置，然后问堀合老师应该放在哪儿）："放在这里吗？"

堀合："再往后挪一点。"

Yuki（把箱子往后挪了一些）："这里可以吗？"

（堀合在帮别的孩子做手工，没听见 Yuki 问的问题。）

Yuki（又把箱子往后挪了一点）：“这里吗？”（没有自信地问）

此时堀合被其他孩子呼唤，走到了面向庭院的一扇门前，好像还是没能听到 Yuki 说的话。

Yuki 放弃了提问，打开了一本印着油轮照片的图鉴，仔细看着照片。又看了看自己手边的“甲板”，把照片上的油轮和自己还没做完的“油轮”反复比对。在比较了一会儿后，一边目不转睛地盯着照片里的油轮，一边微微调整了手边三个箱子的位置。最终，他决定了位置，并用透明胶带进行了简单的固定。然后，他的脸上一扫阴霾，露出了轻松的表情并点了点头。此时堀合老师回到了桌前，Yuki 就把固定好了箱子的“甲板”拿过去给堀合老师看。

Yuki：“是这里对吧！”（这次是自信满满的表情，胸有成竹地向老师确认）

堀合：“没错！”（回答得很果断）

Yuki 露出自豪的表情。

堀合：“Yuki 你看，箱子的周围是不是有一圈栅栏之类的？”

Yuki（没有立刻接话，而是先回去翻看了图鉴上的照片，很认真地看着照片）：“哦对！有的，有的！”（接

受了老师的建议，做了一圈栅栏。随后用透明胶带对“甲板”上的箱子进行了最终加固）

Yuki：“做好啦！”（很开心的语气）

堀合：“哇！做好啦！”（露出微笑）

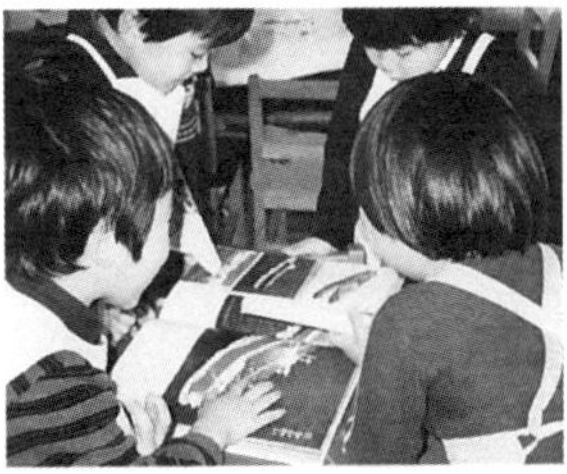

Yuki 在认真观察图鉴中的照片

堀合老师在关注和守护着 Yuki

堀合老师悄悄地帮助 Yuki

Yuki 做好的油轮

在上文的对话中，如果 Yuki 在第二次问“这里可以吗”的时候，堀合老师立刻给他指出位置的话，又会怎样呢？ Yuki 还能自发行动，去专心观察和分析照片吗？

当Yuki用胶带把三个箱子最终加固到“甲板”上时，堀合老师一直在一旁注视和守护，没有说一句话。当孩子固定好，喊出“我做好啦”的时候，才回应孩子说：“哇！完成啦！”

堀合老师经常强调：“在孩子专注做事时，我们要避免不经意的插话去打扰孩子。”确实，当孩子专注于某件事情时，对孩子说话就会导致孩子注意力分散。这是因为孩子还无法同时处理太多信息，当我们和孩子说话时，孩子的注意力就会转移到他所听到的事情上。保育者不经意间的话，会让孩子刚想要进一步思考钻研而集中起来的注意力瞬间瓦解。希望大家不要把“对孩子说话很重要”理解为“要对孩子说很多话”。

第三节　奶油味的泥丸子

只需在对孩子的说话方式上下点功夫，有时就能让孩子的思考过程发生翻天覆地的变化。下面讲述的就是，保育者帮助孩子把他们目不能及的事物用语言描述出来，丰富了孩子的想象力的例子。

故事发生在3岁班进入7月的时候。有几个女孩子

卖不掉的秋葵

孩子从农园采摘了自己亲手种植的蔬菜在园所门口摆摊贩卖给家长，秋葵由于定价太高（孩子定价 1899 日元，超市定价 120 日元），无人问津。老师并没有插嘴告诉孩子秋葵卖不掉的理由，也没有提醒孩子去超市看价格，而是孩子通过讨论发现了价格太高的问题并调节价格，最终卖出了秋葵。老师给予了孩子充分的思考空间。

照片出自日本 Kids Corporation Holdings Inc. 旗下“风与绿认可儿童园”

正在沙坑里玩沙子，她们各自往沙子里加了点水搅拌和成泥，然后把泥团成糯米丸子的形状排列在沙坑边上。班里的其他孩子看着觉得好玩，便也争先恐后地开始做起了“糯米丸子”。很快，这个玩法就传到了别班孩子玩耍的沙坑里。

有个孩子看到路过沙坑的堀合老师，悄悄递给了老师一个“丸子”说：“老师，请尝尝。”老师很认真地对孩子说“谢谢款待”，并假装吃下去。“吃完”后又补充了一句：“啊，太好吃了，还是奶油味的呢。”

还有一个别班的孩子也把自己做的“丸子”递给了自己的班主任老师。这位老师也同样真心地对孩子表达了感谢：“谢谢款待，真好吃呀。”透过孩子脸上温暖的笑容，能看出他们听到老师的这般回应后有多么幸福。

两位保育者看起来好像是采取了几乎相同的应对方式，但之后这两个孩子的行动却截然不同。

堀合老师曾经这样说过：“如果仅仅对孩子说‘谢谢款待，很好吃’，那么和孩子间的对话就会到此为止。但如果保育者加入想象和感受，对孩子说‘这个丸子酸酸甜甜的呢’‘这个丸子又甜又好吃，里面放什么啦’这样的话，孩子就会不断思考并尝试‘下次要做一个不甜的丸子’‘要做一个涂着甜奶油的丸子’等。保育者的说话方式决定了是否能激发孩子的想象力。”

实际上，堀合老师在回应说“有奶油味”之后，班上孩子的点子层出不穷：“这次是柠檬味的！”“这个是草莓味的。”“这个上面撒着黄豆粉。”……并一个一个地把新作品拿给老师“品尝”。甚至还有的孩子把玩具杯里倒上沙水混合物，也拿给老师“品尝”。

孩子 A：“老师，给您喝咖啡。”

堀合：“啊，不过我想喝西柚汁。”

孩子 A（转身问旁边的孩子）：“西柚汁是什么样的来着？”

孩子 B：“哎呀，就是和橙汁有点像，但是有点苦的那种。”

孩子 A（好像想起来了）：“哦，对啊！”（边说边往杯子里的水中少放了一点沙子并搅匀，这次比刚刚做“咖啡”时放的沙子要少）“老师久等啦，西柚汁做好啦。”

孩子的游戏进一步深化，还发展出了餐厅角色扮演游戏，孩子分别扮演厨师、服务员、客人等。

但是，另一个班的孩子依然在重复“请品尝糯米丸子”的游戏，也依然在比谁做得多，依然把做好的“丸子”整齐地排列在沙坑边上。

当然不能简单下结论，断定上述两种游戏哪种质量更高。有的孩子在排列“丸子”的过程中也许就培养了对数字的基本概念。但是仅从孩子的表情来看，玩餐厅角色扮演的时候，孩子之间的互动更为频繁，能感受到他们在一边开动脑筋思考一边玩耍的状态。

可以说，保育者能否替孩子“看见”他们目不能及的事物并“转换为语言描述”，会造成他们各自所带班级孩子在想象力发展上的质的区别。

第四节　它也会长出豆子吗?

孩子在玩耍中学习收获各种各样的知识和能力。孩子玩耍的初衷仅是因为有趣，但在玩的同时，会吸收到很多外界的“事”与“物”。如上文所述，当孩子向大人提问时，希望大人不要和盘托出、回答得面面俱到，最好是能给孩子留出一些独立思考和钻研的余地。下面介绍的情景就很好地印证了这一观点。

植物学家渡边万次郎先生在面对还在上幼儿园的孙子的提问时，并没有立刻给出孩子想要的答案，而是给孩子制造了一次独立思考的机会。通过这样的方式，孩子得以尽情想象未知世界，最终还收获了“科学性的发现”。

有一天我带着已经上幼儿园的两个孙子去了近郊。他们注意到了一种名为“百脉根”的花，对它很感兴趣。当时孩子的年龄只能问出“这个花叫什么名字”的问题。那时我的菜园里种着和百脉根同属豆科的豌豆也正在花期，所以我没有直接告诉孩子花名，而是让他们把百脉根带回家，想引导他们在菜园里找出相似的豌豆花。当他们回来找到和百脉根相似的豌豆花时，体验到了凭借自身力量发现新事物的喜悦，虽然这只是一个小小的发现。

之后，一个孩子问我：“这个百脉根，它也会长出豆子吗？”这是孩子在没有任何指导的情况下提出的独创性问题。我仍然没有回答这个问题，而是建议孩子种下百脉根并于下个周日亲自来菜园确认。当孩子看到百脉根结出的小豆子时，体验到了自己的推理得到证实后的巨大喜悦。

秋天来了，院子里的胡枝子开花了，孩子看见了它的花，推测胡枝子最终也会长出豆子。孩子通过过往经验，知道了什么样的花最后能结出豆子，并能据此对未知的世界进行独创性的推论。[1]

渡边万次郎先生的孙子问他“百脉根”名字的时候，他没有立刻告诉他们，而是让孩子去菜园里找类似的花。孩子凭借自身力量，找到了和百脉根相似的、同属豆科的豌豆的花。可以从渡边先生的字里行间中感受到孩子没有凭借大人的力量，而是依靠自己的力量发现了新事物时的欣喜若狂。

之后孩子又进一步提问：“百脉根也会长出豆子吗？”孩子问问题，大人可以就问题回答和教导，但是孩子“如何问问题”，就不是大人能去教导的了。正因为此，渡边先生才会对孩子这样“在没有任何指导的情况下提出的独创性问题”给予高度评价，也正因为渡边先生十分重视孩子提出独创性问题的意义，他才会对这个问题处理得如此谨慎和诚实。他还是没有直接回答，而是建议孩子亲自去菜园里确认。

渡边先生采取的这种方式，一周后让孩子“凭借自身力量”进行的推理得到证实，更让发现了小小豆子的孩子

1　上文引用的是渡边万次郎先生发表在《理科的教育》八卷十一号的文章内容，文章中的“我”指的是渡边先生。

收获了巨大的喜悦。

没有直接告诉孩子花名，让孩子经历自己去发现和推理的过程，孩子才能在此后进一步预测出胡枝子也会结出豆子。这种方式培养了孩子想象和预判“未知的世界”的能力。

孩子对科学的认知，往往就在预测未知事物和创造想象世界的过程中萌芽。只要大人采取合理的应对方式，即使是年幼的孩子也可以像科学家一样进行思考，并沉浸于想象的世界。

这个例子向我们展示了孩子在什么样的情况下能够产生标新立异的思考，即创造性的想象。堀合老师在保育室里也经常会像渡边先生一样，用合理的应对方法启发孩子创造性的想象。

第五节　当孩子发挥创造性的想象力时

什么样的大人才是有资格守护孩子想象世界的大人？仅仅引导孩子对自然界中的物质进行认知，是远远不够的。无论是自然界中的物质还是人工物质，引导孩子与其产生创造性的互动才是最重要的。

孩子在游戏过程中，内心世界会与身边的事物产生互动，从而开发五感、点燃想象力、创造出新的世界。保育者的职责是，要激发孩子建立自身与外界联系的潜能，培养孩子接纳和理解世界的能力。

孩子的“未知领域”比大人多得多，所以孩子在脑海中描绘出来的画面，也有很大的不确定性。因此，保育者的援助才显得极为重要。

孩子信赖和喜爱的保育者能否帮助孩子搭起与外界互动的桥梁，能否正确向孩子传达与自然接触的方法，能否在以不强迫孩子、尊重孩子自主性的前提下引导其与自然互动，是能否培养孩子想象力的关键所在。

孩子呈现出的生机勃勃的活动状态，正是他们发挥着丰富想象力的证据。这里的“生机勃勃的活动状态”并不等同于身体的活动。比如，有的孩子虽然身体一动不动的，但眼睛一直在观察，耳朵也一直在聆听；有的孩子虽然紧闭双眼，但却一直凝视着大脑中描绘出来的世界，或是忙于探索思考如何把自己的一些想法转化为有形的事物，这些也都是“生机勃勃的活动状态”。

我在观察堀合老师的保育室时，注意力经常会被孩子的活动所吸引，摄像机的镜头也常常会对准这些活泼好动的孩子并以他们为中心进行拍摄。当我把摄像机记录下的画面播放出来时，发现背景中的孩子，有的虽然身体没有动，但眼睛却一直注视着保育者和其他孩子手部的动作。从那以后，我也开始注意那些“没有在动”的孩子，开始好奇他们内心在发生着怎样的心理活动。很多时候，这些孩子之后的行动都会验证他们刚才确实是在思考。

很多时候，当保育者发现孩子一动不动时，就会担心孩子没有事情做很无聊，想去帮助他们。但有时，虽然孩子的身体没有在动，大脑却在进行着高速运转。因此保育者要学会等待和辨别孩子的状态，不焦躁地、有耐心地去守护孩子。

结尾

我对堀合文子老师的保育工作进行了历时三年的观察，希望通过观察的现场记录、堀合老师从御茶水女子大学附属幼儿园退休后在十文字幼儿园任教时期的演讲以及登载在幼儿教育类期刊上的语录，向大家描绘出堀合文子的保育理论。通过研究和考察，我发现堀合文子的保育理论具有很高的一贯性，并具有超越时代、个人和场所特点的普遍性。

在这个部分的结尾，我对之前的阐述做了下述总结。

第一，保育室不是公园，而是保育者对孩子进行精心教育的场所。保育者要让孩子感受到自由，这并不意味着完全放任孩子不管，而是要在每个关键时刻介入并对孩子进行精心教育。

第二，保育老师要舍弃自己的“计划”和“目标”，要重视孩子想要去做什么，并理解孩子的“计划”和“目标”，配合孩子的“计划”和“目标”开展保育工作。

第三，要准确判断孩子的发育水平，并据此准备高度合适的桌子、适当的道具和游戏材料等。苏联心理学家维果斯基把代表孩子心理和大脑中正处于发育萌芽的区域称为“最近发展区”。保育者要根据此理论促进孩子潜能的发展。

保育者在行动之前，为了掌握孩子的“最近发展区”，首先可以通过孩子能否能模仿作为判断依据。此外，保育者的经验也能帮助判断孩子的发育水平。比如保育者在以前掌握了某一类孩子“最近发展区”，那么当下次再遇到相同类型的孩子时，就能运用过往的经验来进行判断。

第四，在孩子专心投入到某项活动中时，保育者的第一要任是“观察和守护”。孩子在幼儿阶段，注意力的覆盖面还很窄，如果在孩子玩耍时说些指手画脚的话，孩子的注意力就会被话语所吸引，而无法集中注意力。保育者通过观察和守护孩子，就能推测出孩子在想些什么，还能及时知晓孩子是否遇到了困难。孩子遇到困难时，才是保育者通过语言或行动给予帮助的最佳时机。

第五，保育者需要一边观察孩子的反应，一边调整帮助或指导的力度。帮助和指导要适度，要给孩子留出思考空间。让孩子心灵得以成长的不是结果，而是进行思考的过程。要尽可能少地对孩子下达指示，如若下达指示也要具体且要循序渐进。要尽可能避免“教导”，也就是“填鸭式”的教育方法。

第六，命令和强迫行为会影响孩子思考能力的发展。希望保育者能采用“提案式”的说话方式。比如采用“老师觉得这样做会不会更好一点呢”这样的说话方式，就能传达给孩子“你是怎样想的呢”“你的想法即使和老师的不一样也没关系”这样的信息，也能帮孩子打下辩证思维的基础。

第七，活动的结尾部分是至关重要的。当孩子的活动接近尾声时，要用这样的言语对孩子进行鼓励：“这个想法太有趣了！”“真的太用心啦！”“玩得很尽兴吧！”在听到老师这些真切的话语后，孩子会懂得独立思考是值得被鼓励的，并意识到独立钻研和判断的重要性。

第八，在夸奖孩子时，不要拿孩子和其他人进行比较，而要认可孩子自身与以前相比所取得的进步。这种方式有利于让孩子收获成就感，从而培养孩子的自尊心，让孩子能骄傲和自信地在今后的人生旅途上昂首阔步。

最后我想说，“教育”一词包含“教导”和“培育”两层含义。大人总是动不动就想着去“教导”孩子。但在保育工作中，保育者要重视“培育”孩子，使之最大限度地发挥自主成长的力量。只要大人不过度干涉，孩子就能自由地展开想象。其实孩子自己知道该如何成长，只要没有大人各种“大道理”的干扰，孩子就能独立思考和行动。

但这并不意味着要放任孩子，而是要在一旁“观察和守护”。只有这样，当孩子遇到困难时，保育者才能及时捕捉到孩子寻求帮助的信号，并据此给予孩子适当的帮助，这就增加了孩子把想象转化为创造新事物的可能性。

当保育者与孩子或是孩子与孩子之间建立起了互相理解、互相影响的良好关系时，就能激发出孩子最活跃的想象力。这是我从堀合老师那里学到的最重要的一点内容。建立与孩子的羁绊，是保育的原点。

第三部分

对堀合老师的访谈

交谈中的堀合文子老师（左）和内田伸子老师（右）

拍摄于 1998 年 5 月 27 日

（布景：佐佐木美幸　摄影：饭田邦夫）

第一章

保育工作中的“变”与“不变”

内田：现在离我向堀合老师您学习保育的日子已经过去很长时间了。与孩子相处时，要依据“一边向眼前的每一个孩子学习，一边根据每个孩子的特点尽职尽责地做好保育工作”这一保育基础。这个与孩子相处的原则，是永恒不变的吗？

堀合：对，不会变。我还在保育现场工作的时候，大家就都在说“现在的孩子和以前不一样了”，如今孩子的变化就更大了。保育者只有夯实上面提到的保育基础，才能追得上孩子变化的脚步。

内田：确实如此。前些日子，我为了把握“以孩子为中心的保育”的实践情况，去参观了很多幼儿园。我对保育工作的判断基准受到了您的影响，把这些园所的保育工作和您的保育工作比较后，脑海中浮现出很多问题。即使是有丰富工作经验的老师，有时也不清楚如何配合孩子及如何与孩子相处，只是杵在那里，可能是想着要重视孩子的自主性，却变成了完全放任孩子不管的情况。

堀合：做好幼儿教育，终究还是要依靠保育者自身。保育者一定要精心栽培每一个幼小的孩子。

内田：老师您经常说要进入“无”的境界，这是因为保育者只有在摒弃了先入为主观念的前提下与孩子相处，才能更好地向孩子学习吗？

堀合：从迈进保育室的那一刻起，保育者就应该抛除一切偏见和杂念。因为你要开始与一个孩子或是一群孩子接触与相处，还要观察全班的整体情况。在保育过程中，要接纳和满足孩子的要求，还要在该说“不”的时候果断说“不”，在该表扬的时候及时表扬，当听见较大的响动或是孩子的哭声时，还要去解决应对，等等。一直到孩子回家之前，保育者都必须保持“忘我”的状态，全心全意地去感受和面对每一个孩子。

如今的孩子十分敏感，能敏锐地捕捉到保育者的内心世界与心理活动。因此，保育者在保育现场更不能有一丝的放松和懈怠。保育者进入“无”的状态，也是为了能够更好地应对如今的孩子。保育者不仅要听到孩子说出来的话，还要领会孩子的内心真正想表达什么、想诉说什么。保育者要快速、接连不断地思考下一步该做什么，该为孩子做什么。如果眼前有30个孩子，那么保育者就要以这样的方式去面对每一个孩子。如果做不到，就没法培养好如今的孩子，孩子也无法实现自主成长。

“无”就像哲学一样，是一种较难理解的“心境”。“无”这一词对于我来说也非常之难，以致我自己也不能非常确切地予以说明。但是，我理解它在保育中，不仅仅是放空，还包含“保育者的心灵与孩子心灵相互碰撞而产生的教育的火花”。保育者流露出的言行举止和其他重要信息，会渗透进孩子的内心并与孩子的心灵发生碰撞。这些碰撞产生的无形火花，能催生出更好的幼儿教育。

内田：也就是说，当我们在面对孩子时，虽然是要进入“无”的状态，但还是要带着一颗真心与孩子接触、碰撞。我还能想起老师您以前在和孩子一起做面具的时候，也总是不忘四下张望，看看有没有遇到困难的孩子，时刻思考以怎样的方式去为孩子做些什么。

堀合：不管能不能做到，先把结果放在一边，我们必须以此为目标去努力。

内田：老师您曾经说过，保育者要跳舞就要跳得像芭蕾舞演员，要弹奏音乐就要弹奏得像作曲家，要时刻注意步态和言语的优美。因为保育者所有的言行举止，都会在不经意间被孩子吸收。您的意思是说，保育者需要立志通过努力，在各个方面都成为专家，对吗？

堀合：这是有关“保育态度的原理”的问题吧。要想完全达到这种理想的保育水平，其实是非常困难的。因此，保育者要朝着这个目标去努力，这个努力的过程就是不断学习的过程。如果不去学习，当孩子的世界不断变化时，保育者就会离孩子的世界越来越远，就会被孩子抛在身后。以前我在做保育的时候也是一样，当孩子到了大班之后，成长速度快到需要我不停去追赶他们的脚步。如今，每个年龄段的孩子都具备开拓其各自的小世界的能力。如果保育者对孩子说太多话或是做太多事，孩子就无法构建一个能够充分发挥自主思考能力的世界。

内田：确实，如果保育者过度干涉孩子，孩子就会被保育者支配。老师您在保育工作中，都是以让孩子自己去思考、去钻研作为出发点的。您还说过，不能对孩子下达过多指示，对孩子说话时不能详细到不留余地，而要给孩子留出思考空间。您的意思也就是说，保育者一定要理解孩子的游戏活动，并要努力揣摩与孩子说话的方式，否则孩子就会被大人的节奏所驱使，没有办法实现真正的自我成长吧。

第二章

对“日本幼儿教育之父”仓桥惣三的回忆

内田：有一次我跟随您去地方高校的模拟保育室[1]，观察您给初次见面的孩子做保育。当时，我还不太理解您的一些行为和语言背后的深意。后来我向您请教的时候，您简单明了的说明让我茅塞顿开。但在解释这其中的一些言行举止时，您会说：“哎？我当时为什么要这样做来着？我下意识地就那样做了。”您之所以无法立即用语言解释为什么那样做，是因为您的身上已经形成了下意识的条件反射。那时您为了说明自己这些下意识的行为，拿出了学生时代师从仓桥老师时的旧笔记本，说道：“我记

1 指在大学或专门院校中为保育专业学生设置的、还原真实保育场景的保育演练教室。

得当时仓桥老师是这样说的。我刚刚采取的行动，应该是基于他的这番教导。”那么在您眼中，仓桥老师是一个怎样的人呢？

堀合：在我学生时代，他是我的老师；在我步入社会入职附属幼儿园后，他是我的上司——园长。学生时代，由于仓桥老师忙于文部省等相关工作，所以他教授的课程经常休课。我现在还保留着那个时候的笔记，一般来说那个笔记本可以记一年的笔记，但因为课上到一半就结束了，所以笔记本也只用了一半。在幼儿园工作时，由于仓桥老师公共事务繁忙，平时都不在园所，只是会出席园所的会议。在我印象中，几乎没有他作为园长老师长篇大论发言的记忆。

内田：仓桥老师认为每位保育者都应该有自己的想法，并形成一套理论，您就很好地实践了这一点吧。

堀合：在 1998 年召开的第五十一届保育学会上，虽然有很多人提到是仓桥老师在日本开创了系统性的保育，但我认为这不是仓桥老师的本意。虽然仓桥老师确实提出了系统性的保育理论，但在当时那个时代背景下把保育“有形化”也是他迫不得已的选择。我通过不断学习、询问各位老师有关氛围和环境营造等方面的问题、阅读大量书籍，感到仓桥老师的想法在今天的保育中也不过时，与当今的保育理念是一致的。

以前，仓桥老师有时会把我们带到一片原野上，让我们平躺在地上仰望天空。我当时不明白他为什么要这样做，但现在我知道了，这才是仓桥老师对保育的真正解读。虽然他只是叫我们躺在草地上仰望，但其实是在告诉我们——只有当老师和孩子融为一体，保育工作才能开花结果。现在我们在培养孩子时也必须这样去做。老师让孩子玩、带孩子玩，并不能体现出平等关系；只有老师与孩子融为一体一起玩耍时，才能真正站在和孩子平等的立场上。

内田：因为“带孩子玩”这种方式和集体保育一样，会把孩子带到自己的节奏上来。

堀合：是的。比如当看到孩子起了争执时，很多老师会上前制止：“你们不许这样！”这是已经过时的处理方法。现在，孩子遇到危险时当然也还是要去制止，但是要精准地判断时机。要先在一旁观察，等到孩子即将发生危险时，或是即将做出出格行为的前一刻再去制止。只有这样，孩子才能学会独立思考，在不断积累经验的过程中，就会逐渐掌握更多新的能力。

现如今的保育环境很难让孩子的各项能力得以发挥。如果保育者过早地用语言去教导或提示，我们培养出的孩子就会变得和集体保育培养出的孩子没有什么两样。保育者需要一边向面前的孩子学习，一边去思考如何实现以孩子为主体的保育。在现如今的保育中，更有必要去学习仓桥老师的保育原理，但必须要深化理解并采用符合时代特征的方式去实践，否则实践就可能会曲解理论。

第 三 章

建立保育者与孩子之间的纽带

内田：堀合老师，您的保育目标是培养孩子的道德观念和社会准则意识，同时给予孩子的大脑及心灵充足的养分，对吧？您希望孩子能具备独立思考、钻研和判断的能力。但是有些父母和做早教的教育者会为孩子设定目标，并错误地以为教育者的任务就是对孩子更早、更正确地进行引导并使其达到设定目标。这样的成长环境，会让孩子感到很不舒适吧？

堀合：所以孩子才会觉得园所生活更开心，甚至还有孩子会说不想回家。以前我的班里也有不想回家的孩子。现在的孩子不想回家时闹得更厉害了，有些闹得凶的孩子还会喊："我要把这个幼儿园给拆掉！"但这些不想回家的孩子会随着和小伙伴的不断接触，逐步发生改变。

内田：遇到这种情况您会怎么做呢？

堀合：我会包容和理解这些孩子，并观察和守护他们。当我说“放学啦”的时候，孩子们一般都会跑过来集合，但不想回家的孩子就不会过来。我知道他们藏在哪里，但我心里打算着最后再把他们找出来送回家，所以先不动声色。这样，其他的孩子就会跑来和我说“XXX没有过来”，我就会让这些孩子把XXX叫过来。孩子就算是生拉硬拽，也会把那个不想回家的孩子带过来。只要是小伙伴去叫的话，不想回家的孩子也一定能过来。这让我愈发感觉：“现在是属于他们（孩子）的时代。”

内田：孩子之间能相互学习，真是很棒啊。记得以前我参观您的保育工作时，有个4岁的孩子因为没能考上幼儿园，中途插班进了保育园。他总是对别的孩子挑刺找茬儿，融入不了集体生活。我记得那时您说：“虽然他总是走来走去的，到处挑别人的毛病，但他在这个过程中通过观察就能学到很多东西，并且渐渐找到自己喜爱的活动。”正如您所说，过了10个月，这个孩子和别的孩子便打成一片，能一起玩耍了。这样看来，当孩子的生活场景刚从家庭转移到园所的时候，老师是否能采取正确的应对方式真的很重要。

堀合： 一般大家都会认为，“应对”就是老师通过语言去与孩子交流。但是“应对”不只是语言交流，“应对”时比语言更重要的是老师的用心思考和观察守护。只有在孩子遇到危险或是做了出格的事情时，老师才有必要通过语言加以提醒。

内田： 我在参观您的保育工作时，还看到过非常有趣的一幕。在做游戏的时候，孩子们骑到了您的身上，都快把您压扁了。那时您说了一句：“啊，这一天还是到来了。”您是一直知道会有这一天吗？我当时觉得特别有意思。您当时为什么会这样说呢？

堀合： 我现在也会这样和孩子玩。保育者如果不和孩子这样玩一次，有时就无法拉近与孩子的距离。但是，如果保育者在孩子 3 岁时，过早地允许孩子这样玩，这种游戏对于孩子来说就只是单纯的玩笑和胡闹而已。只有当孩子大一点之后，才有能力把这种游戏转化为跨越保育者巨大的“权威”的一种象征，这时保育者和孩子这样玩上一次，就能与孩子在心灵层面上形成对等关系，从而建立无话不谈、互相包容的师生关系。

内田： 原来，您这样做是为了让孩子意识到“这里是属于自己的地盘”“这里是能自我发挥的地方”“老师和我们是一条战线的”啊。

第 四 章

在实习前参观保育一线的重要性

内田：当所有班级的孩子都聚在礼堂举办生日派对等活动时，您从来不会命令孩子“保持安静”“请坐好”等，但在所有班级里，只有您班上的孩子都安静地坐着，非常有礼貌。当然，您那时也和孩子一样安静地坐着。

堀合：我也奇怪为什么会这样，但确实每年都是这样。所以，有些老师会猜测是不是我把孩子严厉地教训了一顿后再带到礼堂的。但其实不是这样的。

内田：果然，保育者与孩子之间建立良好的关系是很重要的。当老师成为孩子心中“自家的老师”和“最喜欢的老师”时，老师的言谈举止就会自然而然地成为孩子模仿的范本。

堀合：是的，孩子会时刻关注老师的举动。有的时候，我喝一口茶都会觉得有点“恐怖”，因为回头一看，孩子正在用和我一模一样的动作喝水……

内田：您在平时会练习日本传统舞蹈，我开始以为这只是出于您的个人爱好，但后来我发现并不是这样，您说您练习传统舞蹈是为了让身姿更优美。从此以后，我在公园观察了很多亲子活动，发现通过身姿就能判断出谁是谁的孩子。父母和孩子的身姿非常相似，这也说明大人的一切都会被孩子内化。从这种意义上来说，幼儿教育可谓是教育的起点。

堀合：确实如此，孩子是在观察保育者的过程中不断成长的。因此我希望有志成为保育者的学生们能够在保育一线看看保育者是如何开展工作的。这样当他们在做保育实习时，就会清楚下一步应该怎么做。

我不希望看到学生们在实习结束后，只留下“实习很开心，孩子好可爱”这些泛泛之感，我希望大家可以通过实习领会到幼儿教育的要点。

内田：学生在保育实习时，不是要上来就和孩子一起玩，而是要关注保育者是怎样和孩子玩、怎样和孩子说话，以及孩子由此发生了怎样的变化。只有锁定目标对象，认真观察过程，并把看到的内容铭记在心，才能在自己做保育的时候学为所用。

堀合：最近我逐渐掌握了教育学生的要领，就是当我采取了一些行动后，会为学生们简要说明这样行动的理由。比如，孩子在爬不上滑梯时，如果我们总是帮忙在下面托着，那他永远也学不会独立爬上滑梯。因此，我把托着孩子的手放开，让他自己爬，但同时会对孩子说“没关系，我托住你”，好让孩子感到放心。我会对学生们说明我为什么要这样说，但又为什么没这样做，我这样处理的目的是什么。如果不去这样说明，有些学生就理解不了，当然也有一些学生不需要说明自己就能理解。

内田：如果孩子能成功地爬上去，就能建立起自信心了吧！这个方法也应该同样适用于孩子在做艺术造型或绘画时。

堀合：为了让年轻的保育者尽快成长，有时也有必要拿其他的保育者作为反面教材。比如孩子们在玩推车（用纸箱等材料做的小车）游戏时，刚开始大家都坐在车里，没有人出来推。虽然说保育者完全可以帮孩子推，但保育者认为有必要给孩子们留出思考的时间，所以就只是默默观察着孩子们的反应。此时，另一位保育者过来看到了这一幕，就擅自把几个孩子从推车上叫了下来，让他们担任推车的任务。这种做法就属于“胳膊伸得太长了”。我对实习生们指出：“遇到这种情况，应该再等等，再多观察观察。当然，在孩子即将遇到危险的千钧一发之际，我们要及时帮助孩子，但在刚才那种情况下，不要像另一位老师那样过早地干涉。”

在日常生活中，孩子的自发性就是通过这一件件小事慢慢培养出来的。孩子其实有很多这样独立思考和行动的机会，但却被老师夺走了太多。

内田：孩子就是这样，只要有一个人上车，大家就会一窝蜂地跟着上，还保不准有的孩子会被挤下去……

堀合：再等几分钟，就应该有孩子会站出来说：“那我下去吧！”“我去推吧！”但是大人总是等不到这一刻，就伸手帮忙了。

内田：等待、观察判断、不急不躁，这些都非常重要。正如仓桥惣三老师在书中写到的，教导要适度，且要把“教导”放在重要性排序的最后。

第 五 章

不遗余力地照顾孩子

内田：您会根据孩子年龄的不同，进行不同的环境设置。比如在给羽子板上色的时候，您会给手指还不灵活的 3 岁孩子准备毛笔或易于涂色的海报水彩笔；4 岁孩子的手指力量还比较小，所以您不会让他们使用订书器；而当孩子到了 5 岁，您会为他们准备马克笔，并且还会准备电笔供他们尝试。根据孩子的年龄为孩子创设不同的环境，这就是保育者与孩子的相处之道吧？

堀合：是的。说到底，我就是希望孩子能动脑，能发挥其与生俱来的能力。为此，无论是在孩子上卫生间还是在吃便当的时候，在孩子的园所生活的整个过程中，都需要不遗余力地照顾每个孩子。孩子叫我帮他做个东西，我就会马上帮他做好，这也算是对孩子的一种照顾吧，这种照顾要求保育者能保证“速度”。我希望保育者对孩子能保持一颗纯净无邪的真心。

我现在带的是 4 岁班的孩子，这个班里有些孩子是我从 3 岁班就开始带的，有些孩子是新加入的。我一直提醒自己，要让这两类孩子都不会受到冷落，都能感受到爱与温暖。在我从 3 岁班带到 4 岁班的孩子里，有个孩子看见我来了，曾这样说过：“你怎么来了，快走开！”从大人的角度理解，可能会觉得是孩子讨厌我了，但其实是因为，在这个孩子刚进入 3 岁班时，我每天早上都会帮他把帽子和书包摘下来挂上，当孩子升到 4 岁班之后，我就让孩子自己去挂了，他可能是因为这个不高兴了。这个孩子在刚入园的时候就经常哭喊，和小伙伴建立友谊也花费了不少力气和时间。随着年龄的增长，孩子性格的呈现方式和表达自己情绪的方式也发生了变化。我并没有敷衍这个孩子，但是却让他感觉到被忽视。我真是有必要每天都自省。

内田：就像当一个孩子有了弟弟妹妹之后，经常会为了“争宠”而表现得像婴儿一样不懂事。那个孩子也是因为担心老师会把注意力都放在新来的孩子身上，感到不安，才会那样说吧。越是敏感的孩子，就越容易出现这种情况。

堀合：如今的孩子很敏感，情绪表达也很强烈，所以我要用原来的几倍甚至是几十倍的努力去照顾孩子。我每天都会反省，希望创造出能让孩子的心灵得到成长的环境，让他们将来能凭借强大的内心所向披靡。刚才说的那个孩子，最近也学会了自己挂帽子、取帽子，相比以前好像感到安心了一些。他会把帽子取下来递给我，然后我帮他戴好。

内田：孩子是在通过这种方式确认您对他的关爱。

堀合：没错，就是这样。

内田：有些人在听到您的这番话后，会认为您虽然一直教导我们要重视孩子的自发性，但是自己却过度保护孩子。这种想法不对，您的做法是要让孩子产生认同感，确认“老师是自己人”。这样，孩子才能安心过渡到下一个成长阶段。因此，您的做法并不属于过度保护。

第 六 章

培养保育者肢体语言，探讨保育实践方法的“on stage”

内田：最后，我想向您请教一下有关“on stage”活动的事情。

堀合：起初“on stage”是以研修会的形式开始的。我没想过这个活动能够持续举办这么久，因为大家的呼声很高，所以就一直办到了现在。之所以“on stage”会以现在这种形式呈现，是因为保育者在幼儿教育中的思考与行为都离不开肢体动作，肢体动作非常重要。肢体活动的方式有很多，但如果不能调动身体的内在机能，就等于是在做无用功。并且，我还希望保育者能通过肢体动作，把其内在很好地发挥表现出来。这就是“on stage”诞生的契机。“on stage”这个名字中的“舞台”并不是指让观众前来观摩的展示型舞台，而是指进行“自我学习”“肢体修炼”的学习型舞台。我们不是用口头发表的形式来展示研究成果，而是通过“肢体”进行发表、展示。

内田：也就是说，您希望保育者通过参加此项活动，通过锻炼肢体，来提升自己作为保育者的思想和内涵。

堀合：在活动中有一个内容是练习卡洛泼步，也就是向前并步跳。如果跳的时候只顾前面，就有可能会撞到人，因此一定要与周围的人都保持好距离。同样，在做保育的时候，也不能只顾着前面而忽视了四周。这就是我希望大家通过练习卡洛泼步，来学习领会的。

我开始以为年轻老师的动作会有些畏手畏脚，结果发现他们会像突然受到惊吓似的“动如脱兔”。通过这种肢体的活动方法，很难与孩子关联互动。我在做保育的时候，经常会借鉴户仓 Haru 老师[1]历时多年研究发表的一些资料。我觉得年轻老师也最好可以借鉴这些资料，于是就从最基础的部分开始对他们进行指导。

1　户仓 Haru（TokuraHaru，1896—1968），日本香川县人。毕业于原东京女子师范学校研究科。1933 年担任原东京女子高等师范学校助教，1955 年升任御茶水女子大学教授。曾任日本女子体育联盟会长、世界女子体育联盟副会长等职务，被誉为音乐韵律研究第一人。

内田：您一直在强调，保育者要通过肢体动作来具体呈现保育的基本原理。通过肢体动作进行保育，不仅为保育者提供了一个新的保育思路，而且能让保育者在以后的工作中更好地向孩子传达内心世界。您针对“on stage”开展的培训，让“on stage”也成为了向保育者传达保育工作原点的“舞台”。

堀合：即使保育者没能完全掌握研修时所学的动作，但只要在这里学习过，那么哪怕是在递给孩子一张纸的时候，动作也会和之前有所不同。说到底，这就是一种节奏感的改变。节奏在生活中无处不在，人的身体里也有节奏。血液循环如果也能变得有韵律，那么大脑就能够更加快速地运转，孩子也能敏锐地感受到这种变化。就像刚才说的，如果能让“递给孩子一张纸”这样简单的动作也富有韵律，那么孩子也会被熏陶，从而动作变得更有韵律更优美。

内田：身体是认知的原点，所以肢体动作才会如此重要吧。只有通过真正的肢体活动体验，才能自然而然地把动脑和支配肢体的方法刻在心中。“on stage”也为各位保育者提供了机会来思考实际工作中遇到的保育问题，从而帮助他们今后创造出自己独有的保育法。今年的“on stage”也让我非常期待。

“on stage”发表会的场景片段

基本动作和跑动

友好问候

“螃蟹舞”

“on stage”计划表（1997 年版）

——拉开序幕——

◎基础

◎保育者与舞蹈作品

在掌握了各种舞蹈后，保育者的动作会以各种形式渗透到孩子的内心。

· 问候
· 握手说你好
· 开心地跳起舞
· 到我这边来
· 拍手
· 蝴蝶
· 采花
· 小鸟的话
· 鸭子排队
· 茶壶

· 勺子

· 麻雀的老师

· 相扑

· 秋千

· 哥哥来这边

· 撒豆子

· 女儿节的人偶装饰

· 春天

· 春来了

· 美丽的极乐王国

◎歌曲

保育者的发声方式会对孩子的整体生活和心灵产生影响

· 圣诞老人

· 菜青虫

· 一起去森林吧

休息

◎大家的体操

鸽子咕咕体操

好朋友体操

◎保育者的肢体培训

塔塔罗奇卡舞

切博加舞

索兰节舞

茶切节舞

丰穗舞

◎拿上乐器

◎合唱部分展示

红色鞋子

黄色礼裙

喀秋莎

◎话剧

兔子和乌龟

桃太郎

七匹小羊

◎结尾

同一个世界

结尾

2019年，日本修订了《幼儿园教育要领》。

早在2013年，日本国立教育政策研究所就设立了“幼儿逻辑思维发育”的专项调查项目组，并展开了为期两年的调查，旨在从幼儿的生活和玩耍状态中探明他们的逻辑思维能力发育的特点。

日本共有49所国立大学法人附属幼儿园在实行“重视孩子自主玩耍的保育”——即“以孩子为中心的保育”。项目组收集了这49所幼儿园中45所的2012年的研究摘要，并从中选取了很多可佐证孩子是在生活和玩耍中锻炼逻辑思维能力的案例。选取的案例数量为：3岁孩子95例、4岁孩子100例、5岁孩子133例，共计328例。日本国立大学附属幼儿园本身也正在进行各种课题的研究与开发。园所并没有把“培养孩子的逻辑思维”作为一个单独的研究开发课题，但与此相关的研究嵌套在了“构成成人逻辑思维的全部要素”的研究课题中。该研究结果也证实了逻辑思维能力萌芽于幼儿期。

那么，日本国立大学附属幼儿园的老师们都给予了孩子怎样的支援呢？我从支援形式的角度，分析了一些激发孩子逻辑思维能力的游戏案例。结果显示：当孩子遇到困难时，老师会采取以下4

种方式来进行支援：1. 观察和守护（观察和守护孩子，做好随时帮助孩子的准备）；2. 提示（给孩子提供解决问题的提示）；3. 促使反省（促使孩子再从头开始认真思考一次）；4. 引导（为孩子提供具体的解决问题的线索）。除了这 4 种方式，其实还有第 5 种支援方式为“教导”，也就是老师把答案和解释底儿朝天地灌输给孩子，第 5 种方式在这些案例中没有出现过一次。

日本于 1990 年改订和实施了《幼儿园教育要领》，老师主导的“集体保育”开始向仓桥惣三老师提倡的“以孩子为中心的保育”的轨道上变革。2012 年，在这项教育改革实行了 22 年之后，“以孩子为中心的保育（Child-Centered Education）”在一些园所得到了很好的实践并取得了显著的成果。

本书对彻底实践了仓桥理论的堀合文子的保育进行了归纳总结，并为现代保育指明了前进的方向。此次再版和公开发行并无内容变更。希望各位保育者在学习“以孩子为中心的保育”时，可以把本书作为教辅材料进行参考。

内田伸子

2020 年 2 月吉日

同空异时寻真谛

拜读恩师内田伸子教授所撰写的大作《真挚的幼儿教育》，如醍醐灌顶，获益匪浅！

感谢恩师内田伸子教授，让我得以进入前身为东京女子师范学校，后更名为御茶水女子大学的心理系进行了为期四年的本科学习。因为此书，使我得以再次从母校的空间出发，跨越时间隧道，追寻日本幼儿教育之真谛。

1982—1986 年，内田伸子教授以敏锐的学者视角，在这所大学的附属保育园对堀合文子老师“观其行”，捕捉和诠释了堀合文子老师的“无”“有”保教之境界。内田伸子教授以生动鲜活的案例，凸显了堀合文子老师以“无我”之状态，成就幼儿自主之成长；以“有限度自由”，让幼儿获得张弛有度的发展。

1940—1986 年，堀合文子老师在这所大学的附属保育园辛勤工作。通过内田老师对其言行的描述，我们仿佛视听到堀合文子老师秉持其恩师仓桥惣三的保教理念，“以幼儿为本”，为把幼儿培养成具有“独立思考”“独立钻研”“独立判断”和“独立行动”之人而殚思竭虑，用吟诗诵词般的诗意保教来润泽童心。

1910—1945 年，被誉为“日本现代幼儿教育之父”的仓桥惣三先生，在这所大学和附属幼儿园任职，其所倡导的“儿童中心保育”，用“信任”“充实指导”“诱导”和“教导”四维度来进行立体保教的思想，不仅惠及其弟子堀合文子老师，也影响了日本的保教历史。

感恩内田老师，让我在毕业以后 30 年的今天，还可以站在这所学校空间，继续聆听先哲和堀合文子老师的真知灼见，不言再见！

华东师范大学 周念丽

2021 年 12 月 29 日于瀛丽小居

KCH『大塚式保育法』的精髓

——贴近每个孩子心灵的保育

非常感谢KCH教育集团协助笔者将此著作在中国出版，也非常荣幸可以通过此著作为大家传递“让每个孩子都能茁壮成长”的KCH“大塚式保育法”的精髓思想。

20世纪90年代，日本开展了教育改革，此后日本的保育开始了由教师主导型的“集体保育”向儿童主导性的“以孩子为主体的保育”的转换。如今30多年已过去，“以孩子为主体的保育”已在日本全国得以发展和普及。“以孩子为主体的保育”就是“大塚式保育法”的理论基础和精髓。它是重视孩子的主体性和自发性，贴近孩子心灵的保育。

当孩子遇到困难、止步不前时，我们应当如何帮助孩子呢？一般有如下5种方式。①**守护**：仔细观察和守护孩子，才能在孩子需要时及时提供帮助；②**支起鹰架**：为孩子支起鹰架，帮助孩子独立解决问题；③**督促省察**：鼓励和促使孩子再一次认真思考；④**诱导**：给予孩子具体的解决提示；⑤**教导**：为孩子详细回答和解说。堀合文子老师和“大塚式保育法”的实践者都不会采取第5种方法。因为他们知道，代替孩子去思考或一股脑地告诉孩子答案这种方式，是无法培养出能够独立思考的孩子的。他们善于通过设置适宜的保育环境，为孩子提供恰到好处的、有利于孩子自身成长的帮助。

希望中国广大幼儿教育同仁能通过阅读本著作，再次思考采取怎样的保育教育方法才能实现“让每个孩子都能茁壮成长”的目标。

内田伸子

2022 年 5 月

大塚社长寄语

衷心祝贺《真挚的幼儿教育》在中国出版。

我自己曾作为堀合老师班级中的副班老师，跟随其学习了数年的保育教育。虽然名义上是副班老师，但当时 23 岁的我还是一个一只脚刚刚踏入幼儿教育世界的门外汉。

我拜读过仓桥惣三老师的全部作品，如《幼儿园真谛》《育儿之心》等，我认为这才是我想要践行的幼儿教育，于是我开始寻找正在实践这种幼儿教育理念的老师。

就在那时，我经人引荐结识了被称为“仓桥惣三老师的爱徒”的堀合文子老师。

被誉为“保育之神”的堀合文子老师的保育教育能洞察孩子的内心，培育每个孩子的内在，这正是今天大家所重视培养的“非认知能力”。时至今日我仍感到吃惊，堀合文子老师竟在 50 多年前就已经在践行如此先进的教育理念了。

她在贴近每一个孩子心灵的同时，接纳孩子的感受，考虑到每一个孩子的成长特点，开展保育教育。

在和堀合文子老师在同一保育室中共事之时，她曾告诉我，“要把头脑、心灵、全部神经都集中在每一个孩子身上”“你的心意是会传递给孩子的”“即使目视前方也能够掌控前后左右孩子动向的才是真正的保育者”“进入‘无’的状态”，等等。这些我听到的“至理名言”，也都会在本书中为大家介绍。

这一幕幕至今仍是我所践行的保育教育的核心。

时至今日，每当我不知该如何应对孩子时仍会去想：“如果是堀合老师，她会怎么做呢？”

正因为近年来机器人技术和 AI 显著发展，我们要重视的不再是知育教育或偏差值教育，而是“心灵的教育”。

日本在 2020 年的教育改革中实施的一个重大转变，就是从由保育者决定课程教授给孩子的“以成人为主体的保育”转变为“以孩子为主体的保育”。

那么要如何思考及怎样践行以孩子为主体的保育呢？仓桥惣三老师的理论结合堀合文子老师的实践，成为其重要的支柱。

希望中国的保育教育工作者能反复阅读此书，理解“以孩子为主体的保育”=“真正的保育”，并投身到实践之中。

衷心希望全世界的孩子们都能笑颜绽放。再次对此书的出版表示祝贺。

大塚雅一

2022 年 5 月

图字 01-2022-1413

图书在版编目（CIP）数据

真挚的幼儿教育 /（日）内田伸子著；朱中一译 . —北京：中国大百科全书出版社，2022.6

ISBN 978-7-5202-1128-4

Ⅰ . ①真… Ⅱ . ①内…②朱… Ⅲ . ①幼儿教育—研究 Ⅳ . ① G61

中国版本图书馆 CIP 数据核字（2022）第 090922 号

译　　者　朱中一
校　　译　刘　佳
项目总监　贾濛濛

出 版 人　刘祚臣
策　　划　刘　嘉
责任编辑　陈　光
责任印制　邹景峰
封面设计　今亮後聲 HOPESOUND 2580590616@qq.com · 赵晓冉
出版发行　中国大百科全书出版社
地　　址　北京阜成门北大街 17 号
邮　　编　100037
网　　址　http://www.ecph.com.cn
印　　刷　北京汇瑞嘉合文化发展有限公司
开　　本　787 毫米 ×1092 毫米　1/32
字　　数　90 千字
印　　张　5.625
版　　次　2022 年 6 月第 1 版
印　　次　2022 年 7 月第 1 次印刷
定　　价　68.00 元